DIÁRIO DE UM ADICTO

NOVA CONSCIÊNCIA
EDITORA

Solicite nosso catálogo completo, com mais de 350 títulos, onde você encontra as melhores opções do bom livro espírita: literatura infantojuvenil, contos, obras biográficas e de autoajuda, mensagens espirituais, romances, estudos doutrinários, obras básicas de Allan Kardec, e mais os esclarecedores cursos e estudos para aplicação no centro espírita - iniciação, mediunidade, reuniões mediúnicas, oratória, desobsessão, fluidos e passes.

E caso não encontre os nossos livros na livraria de sua preferência, solicite o endereço de nosso distribuidor mais próximo de você.

Edição e distribuição

EDITORA EME
Caixa Postal 1820 - CEP 13360-000 - Capivari-SP
Telefones: (19) 3491-7000 | 3491-5449
Vivo (19) 99983-2575 | Claro (19) 99317-2800 | Tim (19) 98335-4094
vendas@editoraeme.com.br - www.editoraeme.com.br

ADILSON MÉTELER

DIÁRIO DE UM ADICTO

HISTÓRIAS DE USO DE DROGAS
HISTÓRIAS DE **RECUPERAÇÃO**

Capivari – SP
– 2017 –

A Editora EME mantém, ainda, o Centro Espírita "Mensagem de Esperança" e patrocina, junto com a Prefeitura Municipal e outras empresas, a Central de Educação e Atendimento da Criança (Casa da Criança), em Capivari-SP.

2ª reimpressão - outubro/2017 - Do 3.001 ao 3.500 exemplares

CAPA | André Stenico
DIAGRAMAÇÃO | Editora EME
EDIÇÃO E REVISÃO | Maria Izabel e Matheus Rodrigues de Camargo

Ficha catalográfica

Mételer, Adilson, 1965-
Diário de um adicto / Adilson Mételer - 2ª reimp. out. 2017 - Capivari, SP : Editora Nova Consciência.
160 p.

1ª edição : jan. 2013
ISBN 978-85-63448-26-2

1. Dependência química. 2. Comunidades terapêuticas.
3. Recuperação. 4. Programa Doze Passos. I. Título.

CDD 362

Dedicatória

Dedico este pequeno livro a todos os seres humanos que, de forma direta ou indireta, física ou afetivamente, estão envolvidos com um dependente químico descontrolado.

Em especial a quem já sofreu consequências com o abuso de álcool e outras drogas por um parente, amigo, conhecido ou até desconhecido.

Muitos acidentes de trabalho, de trânsito, violência doméstica, abandono de filhos menores, entre tantas outras ocorrências, estão estreitamente ligados a essa dependência.

Eu o dedico a quem trabalha na área, a quem se importa, a quem compartilha e sofre as dificuldades em qualquer canto deste mundo de meu Deus.

Mas, acima de tudo, dedico à mãe ou ao pai de um usuário crônico de drogas que neste momento não sabe onde ele está, nem sua condição – se vivo ou morto, doente ou são.

Àquele que dobra os joelhos, que se angustia com a realidade dentro de suas quatro paredes.

Dedico, também, ao dependente que já está limpo há bastante tempo e que, como eu, está na busca da recuperação de si mesmo e, enquanto ajuda outros, se mantém firme e forte.

Eu sou apaixonado por seres humanos que acordam todos os dias com desejo de ver um mundo mais fraterno, solidário, humano. Que lutam para melhorar o ambiente ao seu redor. Que sorriem mais e estão sempre dispostos a fazer o melhor.

Entre essas pessoas está quem trabalha com causas humanitárias, que assistem as necessidades daqueles que precisam, à sua volta.

Dedico-o a todos que sabem que a alegria de viver está em ser útil, colaborar, ser altruísta, ter boa vontade.

Dedico a quem quer ver pessoas essencialmente boas e sensíveis livres das drogas e do abuso do álcool.

Entre todas essas pessoas está você que lê este livro, e eu espero que esta leitura acrescente algo bom à sua vida.

O autor

Sumário

PREFÁCIO

por Valci Silva

VIVEMOS EM UM mundo onde a comunicação de massas e as redes sociais virtuais influenciam decisivamente nos acontecimentos da vida diária. Nossas vidas, hoje, giram em torno de informações, hábitos e costumes da modernidade. O homem avançou profundamente dentro da tecnologia, mas não sabe usar todo esse conhecimento para o próprio progresso e não consegue penetrar um centímetro dentro de si mesmo, procurando conhecer-se na sua intimidade de ser divino e imortal.

A modernidade triunfou com a ciência, mas as condutas humanas ainda não são reguladas pela consciência crítica, o que provoca muitos conflitos nas relações sociais e, consequentemente, na vida familiar. As grandes promessas da ciência, na ânsia de responder às necessidades do homem, concentram-se nas conquistas técnicas, impondo um processo crescente de valorização das coisas, dos objetos, num sentido eminentemente materialista.

A ausência de valores humanos, éticos, compromete as relações interpessoais, regidas por grave individualismo e um egocentrismo que chegam a ser doentios. Isso vem explicar as relações do homem com o mundo atual, onde o uso indiscriminado e em grande escala de substâncias químicas, a transgenia, a clonagem, as armas químicas e nucleares etc. afetam o equilíbrio e a vida no planeta e, consequentemente, a vida humana. A sobrevivência tornou-se um ato heroico e complexo.

A família está fragilizada diante de tão grave problemática. A escola, despreparada para o enfrentamento da realidade. As políticas públicas são inadequadas ou inexistentes no amparo da sociedade, como a falta de programas apropriados para o tratamento do uso e abuso de drogas.

Diante de pais que, em razão da sobrevivência, não dispõem de tempo necessário ao convívio, muitos filhos ficam sem referências seguras sobre a vida; confusos em seus papéis, não conseguem discernir o que são desejos e necessidades, não sabem dizer sim sempre que possível, e não sempre que necessário. Essas crianças e jovens veem-se obrigadas a se autogerirem em seu dia a dia, com a ausência de disciplina, de carinho, de atenção, de cuidados, de amor, "aprendem" que tudo podem e nada é proibido. São "destemidas", revoltadas e não têm senso crítico da realidade como ela é.

Nestes casos, a droga é mais um ingrediente, habitualmente consumido dentro de casa. As crianças e os jovens veem na televisão, nas novelas, nos filmes, que os adultos precisam de uma dose extra de cafeína, uma lata de cerveja, uma dose de uísque, um cigarrinho, um calmante para dormir, para poderem enfrentar o dia seguinte, a vida em si. Aprendem muito cedo a fazer uso dessas substâncias: no lar, nas creches, nas escolas, nas igrejas, nos clubes que frequentam, onde os "responsáveis" se contradizem em seus atos. Com que moral podem dizer às crianças e jovens que não devem beber, fumar ou consumir qualquer outra droga? No entanto, famílias abastadas e estruturadas, com amor e equilíbrio, também "produzem" filhos dependentes, com o uso frequente de bebidas alcoólicas, do tabaco e o uso indiscriminado dos medicamentos – todos eles drogas viciantes - que fazem parte da rotina de suas vidas.

A droga é insinuante e ousada, e não respeita fronteiras ou classes sociais. Até mesmo as "autoridades" do planeta dão esses péssimos exemplos. Há também os que defendem, insanamente, a liberdade do uso de drogas e acreditam que isso seria a solução para os problemas do tráfico e do crime. Quanta ilusão, ou ingenuidade, acreditar que se poderia usar qualquer tipo de drogas sem consequências para a vida dos envolvidos e para a sociedade, ou defender o direito das pessoas fazerem uso delas.

É urgente que possamos encontrar soluções para as drogas em geral, assim como já encontramos solução para o tabagismo – não proibimos ninguém de fumar, mas protegemos o direito de a maioria da população ser preservada do dano da fumaça do cigarro.

Necessitamos urgentemente educar nossas emoções e nossas ações para que a vida seja digna e possamos nos orgulhar de sermos humanos e construirmos uma vida equilibrada e embasada no amor de uns pelos outros, como ensinou Jesus.

Ao ler este livro, em que o autor relata o que é o redemoinho do mundo das drogas, pois já viveu dentro dele e conheceu suas consequências, o leitor poderá entender que este caminho nada constrói, antes destrói a dignidade humana, a família, destrói a humanidade; e o leitor também poderá compreender que a evolução é a lei da vida, e nada escapa a ela. Responsáveis que somos por nós mesmos, teremos que compreender isso, seja através dos caminhos do amor ou da dor, e ambos podem nos ensinar a chegar aos nossos destinos de sermos felizes.

Afinal, a vida é sempre o resultado do que fazemos dela, como herdeiros de nós mesmos. Pitágoras, o filósofo e matemático grego, ensinou que se educássemos as crianças não precisaríamos punir os homens.

Que você possa fazer a escolha do amor e aprender a superar a dor, aproveitando dela somente a experiência, e não o sofrimento.

Muita paz a todos.

Valci Silva é psicólogo, especialista no tratamento da dependência química e autor do livro *Drogas: causas, consequências e recuperação.*

Visão de dentro

Hoje é um tempo diferente.

Uma nova época, uma nova história.

Muita coisa tem sido escrita sobre uso e abuso de drogas. A mídia (jornal, rádio, TV, internet) todos os dias traz entrevistas com especialistas, professores e doutores com apresentadores curiosos a fim de esclarecer essa questão para o público.

Há hoje grande debate sobre a legalização de certas substâncias, e sobre a questão: doente ou criminoso; CID (Classificação Internacional de Doenças) ou Código Penal; médicos e psicólogos para tratar um paciente, ou advogados e promotores para tratar o bandido...

Mas, dentro da minha família, dentro da sua família, jovem ou velho, culto ou analfabeto, mulher ou homem, há um dependente de álcool e drogas, um usuário abusador.

Eis aí o problema.

Quem pode julgar, condenar ou até ignorar essa verdade amarga?

Nos quartos fechados, nas garagens, nas escolas, nos semáforos, nas noites geladas, nos becos, atrás de caçambas de entulho, lá está o usuário, o noia, o doente.

Minha proposta é pura e simples.

Quero escrever sobre o que sinto, o que vejo, o que vivo no meu dia a dia, como um ex-dependente grave de álcool e outras drogas da época (1977 a 1986) e como técnico e conselheiro que hoje trabalha em média seis horas diárias com dependentes.

O meu desejo é que este pequeno livro possa trazer não soluções ou respostas definitivas, mas algum conhecimento funcional para quem deseja ou precisa entender melhor o que pensa, o que sente e por que age de tal maneira o dependente químico.

Escrevi estes textos movido pela convivência e o interesse que desenvolvi nestes dezesseis anos trabalhando na área, e principalmente pelo amor que tenho ao trabalho, com a intenção de aliviar o sofrimento de quem é ou foi dependente químico e de quem divide a mesma casa com um dependente.

Grato pela oportunidade, fico então com a esperança latente de que, a quem este livro chegar, possa ser útil.

Capivari, novembro de 2012.
O autor

Como nascem os adictos

Eu tinha medo das pessoas.

Professores, médicos, parentes, vizinhos.

Sentimento indefinido, me escondendo dentro de uma timidez enorme.

Hoje sei que isso já era parte da doença emocional que iria me levar ao primeiro contato com substâncias que alteram o comportamento.

Sensação de menos valia, inferioridade e autopiedade presentes na ordem do dia. Todos os dias.

Aos seis anos de idade meu pai teve hepatite, ficou com os olhos amarelos, magro e fragilizado na cama de casal do único quarto da casa de dois cômodos em que morávamos.

Eu era pobre, mas isso não é motivo predominante para uso ou abuso de drogas. É uma desculpa, uma justificativa que, na verdade, não se fundamenta.

O que quero relatar é que minha leitura da vida era sempre negativa.

Se a vida é difícil e sofrida para pessoas não adictas (*adicto*, em linhas gerais, é o doente emocional e comportamental que recorre às drogas para aliviar tensões cotidianas e se torna dependente delas), para o adicto a percepção é de que ela é um parto, um nadar contra a correnteza – muitas vezes *ele cria* dificuldades para se sentir herói ou importante e merecer elogios dos outros, já que é difícil olhar para si mesmo dessa forma.

Pois bem. Meu pai estava doente. Esta é uma das mais antigas lembranças que tenho.

Olhando para essa situação, eu me sentia muito culpado, apesar dos seis anos de idade.

Por minha cabeça passava a ideia absurda de que se eu não estivesse ali a vida do meu pai seria melhor. Já nesta idade tinha a impressão de que atrapalhava a vida alheia...

Meu pai se curou, voltou a trabalhar e a vida continuou.

Voltando da escola uma tarde, chegando em casa vi minha mãe tentando se furar no peito com uma faca de cozinha. Ela se assustou ao me ver e parou, sorriu e me abraçou.

Minha mãe teve certos períodos de depressão, e isso me faz acreditar que, de certa forma, herdamos características de família que podem, sim, influenciar no fato de nos tornarmos dependentes na adolescência, o que foi o meu caso.

Mas éramos uma família no geral feliz, praticávamos uma religião, e na maior parte do tempo vivíamos bem.

Meu pai nos comprava paçoca no bar enquanto bebia uma pinga e pedia descaradamente que não contássemos a minha mãe que ele havia bebido, porém seu hálito e o tradicional olhar parado o entregavam, e rolavam então as discussões, que eram mais cômicas do que trágicas.

Como disse, éramos uma família pobre, com várias limitações – nossa casa na época não dispunha de energia elétrica, por exemplo. Tomávamos banho com água aquecida numa lata de 20 litros no fogão de lenha...

Mas gosto de lembrar do lampião, da lamparina, do cheiro e da fumaça ao cozinhar o feijão, da água de poço, do quintal enorme, das galinhas caipiras, do chuchu na cerca, da abóbora por entre as folhas e de muita, mas muita formiga.

No geral, tinha boa saúde e alegria de viver, todos nós.

Mas também me lembro de momentos em que, sem motivo aparente, eu sentia vergonha da minha vida, da minha casa, da minha família, da minha condição, de tudo enfim.

Queria negar minha experiência.

Tive furúnculos por todo o corpo entre os seis e os doze anos. Eles doíam até os ossos, e eu chorava quando sem querer esbarrava em alguma coisa com a ponta de um deles. Às vezes tinha pelo corpo quatro ou cinco que incomodavam muito.

Era mais um motivo para me sentir inferior, às vezes não ia à escola por causa da gozação e do mau cheiro do pus que se formava ao redor dos furúnculos.

Os colegas de classe passavam em frente a minha casa gritando "ô bereba, ô berebento", e isso me irritava bastante.

Fui crescendo e me acostumando a conviver com coisas e situações difíceis, algo que, vendo com os olhos de hoje, acredito ter sido bom para a formação da minha personalidade.

Já aos nove anos de idade, eu trabalhava vendendo verduras, juntando materiais recicláveis para ajudar, mesmo que pouco, nas despesas da casa; buscando estrume de vaca nos pastos para adubar hortas de pessoas que pediam; engraxando sapatos e entregando pão de madrugada de perua Kombi (naquela época era muito comum esse serviço, pois as padarias ficavam distantes de alguns bairros).

Aos doze anos, entregando pão todos os dias da meia-noite às 4h30 da madrugada, tive uma ideia brilhante – escrevi à mão mais de duzentos bilhetinhos desejando bom princípio de Ano Novo, porque eu era a primeira criança ou adolescente com quem as pessoas teriam contato no primeiro dia do ano. Ganhei, com isso, três vezes o valor do meu salário do mês num só dia. Quando amanheceu, tinha mais de dois quilos de moedas nos meus bolsos e notas de valores baixos.

Foi gratificante ver a alegria de minha mãe podendo comprar coisas e alimentos para nós mesmos, e a harmonia se instalou na pequena casa de dois cômodos cedida para nós pela minha avó paterna. Que lembrança boa da criança feliz e útil que fui nesses momentos...

Como a maioria das crianças do meu bairro, eu tinha desejos, vontades que nunca podiam se realizar por conta dos salários de nossos pais, sempre limitados.

Mas, meu Deus, como ria, como brincava, como chorava, como vivia intensamente.

Assim fui crescendo, criando um pequeno bigode ralo, usando calça comprida, criando gestos de homem, falando mais grosso e me interessando por meninas e mulheres.

Tudo muito natural.

A maior gratidão que sinto pelos meus pais (minha mãe ainda vive, tem setenta e três anos) é o fato de eles sempre estarem próximos, e não esconderem suas fragilidades, suas angústias, seus medos e tristezas.

Convivi com seres humanos muito verdadeiros, muitas vezes fracos e vulneráveis, mas de um amor imenso e puro.

• • •

Experimentei álcool pela primeira vez numa festa de casamento aos doze anos.

Chope servido em jarras de plástico e barril de madeira com bomba de aço inox, da época.

A festa acontecia num daqueles barracões improvisados de lona plástica e pequenos bambus para evitar a chuva, que parecia mais constante naqueles tempos.

Sempre fui muito sensível a situações, pessoas, detalhes, e por conta disso assumia uma certa liderança natural no ambiente escolar e nas festinhas que frequentava. Escolhia bem as palavras e tinha jeito para lidar e conviver com as pessoas.

Mas era extremamente tímido em alguns casos, como ao tentar me aproximar de garotas, e quando estava contrariado por qualquer situação, tinha dificuldade de falar, de ser assertivo, de olhar nos olhos e dizer claramente o que queria.

Isto foi um estopim para o início do meu uso de álcool e drogas.

As substâncias que alteram o comportamento se tornaram meu mais forte aliado para a guerra que eu, por conta própria, resolvi fazer da minha vida.

A batalha interna

Quem olha para um dependente de álcool ou outras drogas tira várias conclusões. Mas não pode imaginar o que vai dentro dele, o que ele pensa ou o que ele sente.

Por isso a minha vontade de escrever um pouco mais detalhadamente sobre isso.

Eu iniciei uma guerra interna aos meus doze ou treze anos de idade.

Sentia-me como um peixe fora d'água. Como uma pessoa estranha, num país distante, sem saber falar a língua local e com algo como uma pedra no rim.

Totalmente deslocado.

Apesar da inteligência que parece peculiar a muitos adictos, eu me subestimava, em parte por causa do consumo de drogas. Eu simplesmente não sabia o porquê de nada. Perdido sempre, em qualquer situação.

Uma fila de banco era para mim uma tragédia de entristecer e chorar, ao ficar me comparando com as pessoas, ao pensar como o mundo poderia ser melhor se as pessoas fossem mais solidárias...

Um idealista que, ao invés de realizar qualquer coisa, perdia-se calado numa embriaguez sem fim.

Talvez tivesse um enorme potencial para qualquer condição ou situação, mas raramente acontecia algo.

Só planos, desejos, vontades que paravam bem ali mesmo – no boteco do pebolim.

O tempo passou depressa, eu cada dia mais dependente. Bebia porque estava triste. Estava triste porque bebia. Drogas para curar a bebedeira. Bebedeira para diminuir o efeito das drogas. E, às vezes, remédios para dormir.

Quando se tem dezesseis anos, a sexualidade está em alta, e não podia ser diferente comigo e com meus amigos.

Eu era apaixonado, tarado por algumas garotas da minha idade, mas não tinha iniciativa de me aproximar delas.

Sentindo-me inferior, contemplava à distância a beleza feminina.

Consumia-me a solidão dos banheiros e a solução individual do sexo.

O curioso é que, por se tratar de um garoto claro de olhos verdes, algumas garotas se interessavam bastante por mim, mas eu não entendia o universo feminino. Era grosseiro e ignorante na arte da conquista. Só me aproximava quando estava alterado e aí punha tudo a perder por falar mais do que devia e forçar a barra.

A distância entre a realidade e o lugar e a condição em

que eu achava que deveria estar era a desculpa para eu consumir drogas e álcool. Era muito dolorido perceber o mundo girar e acontecer a minha volta enquanto eu estagnava cada dia mais. A ausência de movimento é a morte.

Eu, nos meus quinze, dezesseis anos, às vezes pensava em morrer. Contrassenso, contradição, insensatez, antagonismos, tudo isso era parte intensa da minha rotina.

Hoje em dia os especialistas e doutores dão nomes técnicos para identificar e facilitar o tratamento – distúrbio de déficit de atenção, transtorno bipolar, transtorno obsessivo e compulsivo, síndrome persecutória...

Eu me sentia o inexplicável.

Às vezes, sem motivo, me pegava chorando sozinho, na madrugada fria, caminhando à procura da próxima bebida, da próxima grama de droga.

Tinha um vazio intenso associado a uma dor que eu inventava para justificar meus excessos.

Que vida estranha!

Fui me tornando adulto sem chegar a lugar nenhum, nem tinha terminado o ensino fundamental, nem adquirido uma profissão. Era ajudante geral, e ajudante sem horizonte, sem caminho aberto, sem futuro, e enchia a cara de álcool e fumava maconha para me alegrar. (Independente do contexto social ou da condição financeira ou cultural da família, o dependente vai sempre encontrar uma desculpa para usar sua droga de escolha. Ele não precisa convencer a ninguém, somente a si mesmo, para se drogar, e isto é fácil porque é ele o maior interessado.)

Assim fui me distanciando de todos com quem convivia

para me aproximar somente daqueles que tinham os mesmos desejos que eu.

Houve uma grande inversão de valores.

Meus familiares se tornaram inimigos, e meus amigos eram os dependentes e vagabundos.

Perdi toda a noção de decência naquela época. Tudo que era preciso fazer para manter o uso e a marginalidade eu fazia. Adorava a ideia de ser o jogado, o largado, causando uma impressão para a sociedade.

Hoje reconheço que eu tinha autoestima muito baixa e sentia inferioridade, envolvido pelas drogas e álcool, numa vida de maluco, estilo de vida que me fazia sentir parte de alguma coisa, já que eu não conseguia mais pertencer ao mundo das pessoas "normais".

Deslocado, eu me refugiava na forte sensação causada pelo uso de qualquer substância, remédios para emagrecer, maconha, álcool ou o que viesse.

A batida da tristeza no dia seguinte só podia ser curada de uma maneira – mais drogas.

Cada dia mais distante das pessoas e das atividades convencionais, eu ia me enfiando pelos becos escuros das noites de Americana, junto aos bêbados, adictos, prostitutas, travestis e outros envolvidos nesta busca distorcida de felicidade, sempre momentânea, passageira.

Infelizmente são poucos os que saem dessa condição, entre outros motivos porque, de forma contraditória, ela se torna cômoda, uma zona de conforto. Ninguém ali precisa evoluir, crescer, nem pensar em nada. Responsabilidade, horários, compromissos são o contrário do que qualquer dependente quer.

Emocionalmente, ele para de crescer.

Dizem os especialistas que um adicto como que estaciona na idade emocional em que começou a usar a substância - haveria um lapso, uma estagnação no processo de amadurecimento.

Hoje em dia há muita discussão sobre o assunto. Esta ou aquela droga é mais forte, mata mais rápido, alucina, queima células do cérebro. Muita conversa se vê nestes últimos anos sobre isso na mídia. Certas drogas deixaram de ser comercializadas desde os anos 80. Outras surgiram e outras ainda não estão circulando no Brasil, mas, independente disso, o adicto vai procurar de qualquer forma alterar seu pensamento e comportamento com qualquer droga ou combinação, mistura de drogas.

A quantidade, o nome, o preço na maioria dos casos não importa – o que eu queria era chapar, ficar ligado, alterar a visão da minha vida chocha, vazia e triste. Precisava plantar a dor, criar situações que justificassem o uso, perder o sentido, todos esses estímulos para poder usar desesperadamente em busca do "significado da vida".

Que droga.

Hoje, aos quarenta e sete de idade, reconheço que o maior credor das minhas mentiras era eu mesmo.

É fácil vender comida para quem tem fome.

Eu me convencia facilmente de que a solução era usar, chapar, entorpecer a capacidade de raciocínio, o que levava à culpa, ao medo, à depressão.

Simples de entender, mas complicado de resolver.

Existe um apego muito forte do dependente a viver dessa forma doente, insana, e às vezes tragicômica para quem só observa.

Apesar de hoje entender isso, não sou capaz de saber tudo, de responder a tudo nem de convencer a todos dos aprendizados que tenho vivido. Mas procuro uma estrada, procuro aprender, trocar experiências e respeitar a opinião alheia. Essa para mim é a estratégia da vida hoje.

Adotou-se o nome de *adicto* para simplificar, para nós mesmos, a linguagem; em alguns dicionários a tradução de adicto é a de quem é escravo de, ou preso a, substância e/ou comportamento e pensamento que alteram sensações, emoções e sentimentos. Explicar isso é complicado, mas se identificar como adicto simplifica. Nós sabemos detalhes da condição, não somente da tradução.

Há alguma coisa espiritual em compartilhar a frase *sou um adicto*, que esfria os ânimos, desliga o motor da inadequação social, nos aproxima muito uns dos outros e nos permite fazer parte de uma tribo.

Diga-se de passagem que todos pertencem a uma tribo, a um clã, a um grupo de pessoas, doentes ou não, instruídas ou ignorantes, sociáveis ou insociáveis; para o adicto, pertencer é melhor que viver isolado.

Hoje sou feliz por saber que existem pessoas como eu por este mundo de meu Deus: pessoas que procuram preencher de maneiras saudáveis e solidárias um vazio que é presente em nossas almas doentes, e que encontram propostas para viver, um dia de cada vez, de forma mais feliz, útil e produtiva.

Sonhamos com a alegria e o prazer e percebemos que

somos nós que devemos criar isso passo a passo, palavra por palavra, procurando construir o melhor lugar, o melhor momento.

Tenho dentro do peito muita esperança quando saio de casa de manhã para fazer reuniões de grupo nas comunidades terapêuticas em que presto serviço.

Para todos os níveis sociais, todas as idades, orientações sexuais, escolaridade, origem familiar, para todos os dependentes, enfim – meu desejo é ser útil, amoroso, atencioso e poder funcionar como pessoa de referência para uma vida livre de drogas e álcool.

Vejo no olhar carinhoso dos mais velhos, no olhar mais ousado dos mais novos, uma empatia, uma identificação.

Tenho me preparado, treinado durante dezesseis anos para usar uma linguagem simples, objetiva, direta e quem sabe libertadora, para que eu também me sinta livre no final de cada sessão de duas horas.

O amor é o combustível desta máquina que me resgatou, dando sentido a minha vida mesquinha e cheia de ressentimentos.

Hoje, quando escrevo, busco inspiração para alimentar o trabalho de resgate dos dependentes.

Por outro lado, é difícil perceber que a maioria deles, como eu fazia antes, encontra no uso das substâncias uma zona de conforto, onde nada se cobra, nada se culpa, nada se condena. Querem viver acima dos julgamentos humanos, acima da junta de jurados e juízes da sua consciência. Depois de estar limpo há anos, é difícil reconhecer e aceitar a diferença entre a mentalidade que construí e aquela que vejo no adicto, é difícil lidar com a inversão de princípios e valores, com o egocentrismo, a autossuficiência (a minha e a dos pacientes).

Por mais que se estenda a mão, o dependente ainda questiona a ajuda oferecida, reclama da condição, como se fosse alguém tirado de uma festa onde supostamente o melhor ainda estava por vir, como se fosse obrigado a participar de coisas que não lhe despertam o menor interesse.

Assim é o dia a dia de quem trabalha com eles.

O efeito instantâneo das drogas é como o canto da sereia – irresistível.

Não sei quem foi que criou a fórmula ou as fórmulas das substâncias, só sei que elas casaram perfeitamente com o que nós, os dependentes, procurávamos há tempos.

No momento em que experimentei minha primeira droga misturada com álcool, fiz uma clássica pergunta: "Onde você estava todo este tempo? Por que demorei tanto tempo para te encontrar?".

Preencheu vazios existenciais, sociais, familiares, que eu, um adolescente triste e isolado, tinha na época.

Hoje, acredito que não há respostas muito claras ou precisas sobre o sentido e o significado da vida. Mas, à medida que o tempo passa, vou aprendendo a realizar e dizer coisas que me fazem sentir bem, e àqueles que me cercam. Estou aprendendo a viver com minhas dúvidas, a encarar minhas queixas e o desânimo.

Perdi um pouco a ansiedade de saber "o" sentido.

Muitas vezes, quero "apenas" viver, e as drogas ou o excesso de álcool não me permitiam nem isso – talvez nenhum rascunho da vida me tenha sido permitido quando usava.

Hoje reconheço que enquanto buscava a liberdade eu a perdia pelo vão dos dedos, quando segurava um copo.

Os pensamentos eram de derrota, ódio e revolta.

Culpava a tudo e a todos por uma situação que nem existia.

É uma doença. Hoje estou convencido disso.

O tempo todo tenho dificuldade de adaptação ao mundo real. Parece, às vezes, que não faço parte de nada. Hoje, com esposa e dois filhos, ainda me sinto muitas vezes sozinho dentro de um mundo controverso e antagônico.

Mas pensar que muitos (ou todos?) de certa maneira são emocionalmente doentes me faz sentir parte do universo: buscando alívio para a insônia, muitas pessoas tomam remédios; um obsessivo pela comida procura desesperado o próximo prato, com os olhos vidrados... E os exemplos não param.

Hoje percebo que para a maioria dos adictos é difícil aceitar plenamente sua doença, por isso brinco mais, levo as coisas com mais leveza, meu riso é mais espontâneo. Eles ainda querem admitir o que não se pode negar, o que salta aos olhos – o uso e abuso, o excesso das drogas.

Mas sempre negamos a insanidade, a loucura, a insegurança, a insensatez que existe em nós e que muitas vezes se instala em nosso dia a dia. Não é um quadro bonito de se mostrar, e tentamos esconder essa parte até de nós mesmos.

Perdemos bons empregos, relacionamentos afetivos, sonhos de infância, desejo de aprender algo novo e reformar a vida em torno de nós. Trocamos tudo pelo apego à sensação imediata do efeito das drogas.

Eu me acomodei a "chapar" para me desligar das cobranças e interrogações do meu próprio juízo. Uma fuga alucinada daquilo que está dentro de mim, que é registrado nos meus arquivos, que permanece em minha memória.

Que luta absurda! Que busca impossível!

Aprender a conviver é a chave para a qualidade de vida.

Hoje conheço um caminho que realmente leva a uma saída diária. A libertação é feita de pequenos pedaços de 24 horas.

Este ensinamento já era conhecido da Bíblia, da mensagem de Jesus no sermão da montanha: "Não vos acheis inquietos pelo dia de amanhã".

Num país cristão, muitas pessoas já leram e conhecem a passagem, mas não aplicam este princípio fundamental – viver o dia de hoje.

Eu estou aprendendo, acertando e errando, evoluindo aos poucos. Tenho ensaiado um progresso.

Há uma grande vantagem em amadurecer (envelhecer, para ser mais claro) no programa – as ideias, as palestras e partilhas que ouvimos durante a nossa vida ficam na mente, para possível procura, como um grande estoque de ferramentas. Isso é gratificante. Toda compreensão e estudo com interesse é um passo para uma vida melhor.

Para mim, felicidade é tranquilidade, paz de espírito, perdão a si mesmo e aos outros. É bom ter a sensação de que há esse material e esses instrumentos para o crescimento pessoal.

Diariamente convivemos com pessoas que guardam ressentimento sobre fatos e pessoas do passado como se isso fosse matéria-prima do sentido de suas vidas. Para valorizar sua existência, têm que constantemente lembrar o quanto sofreram ou o quanto os outros as fizeram sofrer. Carregam os sentimentos ruins como alguém que coleciona troféus de grandes vitórias. Que energia desperdiçada procurando motivo para chorar!

Eu também agia assim. Num belo dia de céu azul, sol e temperatura agradável, eu tinha o hábito de me afundar no colchão com preguiça e sensação de desânimo, soterrado por aqueles sentimentos.

Como é difícil reconhecer o que não é produtivo em nossa vida, nestes tempos modernos. Vivemos na cultura do supérfluo. Tanta tecnologia, tanta informação, tantas respostas – no século da depressão. Filhos distantes emocionalmente. Pais frios, preocupados com as contas. Aquecedores à venda, ar condicionado mais barato, calor humano em falta.

Um grande vazio e um desejo de se embriagar, de se entorpecer, de esquecer – bebendo, jogando, se drogando, se prostituindo.

O grande lance é driblar esse vazio enorme, buscar princípios espirituais como amizade, solidariedade, amor, perdão, para vivermos melhor.

Talvez essas ideias pareçam um pouco com cara de sermão de igreja, mas é um sentimento bem vivo, de uma alma que o percebe e sente a necessidade de dizer.

No passado, eu me distanciei de tudo que poderia me ajudar, me resgatar. Meu brilho, meus sonhos, minha alegria, meus objetivos, meus princípios, meus valores. Muitas vezes me vi perdido olhando para o vazio, triste e angustiado.

A fórmula mágica para mim é procurar pessoas que se

identifiquem comigo e que me ouçam nas crises para que eu não me perca na estrada da vida.

Pode parecer que sou uma pessoa com problemas emocionais... E de fato eu sou – mas essa busca, essa entrega podem servir de alívio para pessoas como eu.

A sensação de ser útil é o que me estimula a cada passo.

Para não ficar apenas na minha experiência, e tentando passar a mensagem de maneira mais simples e significativa, nos capítulos que seguem relato também histórias reais de pessoas que conheci ao longo desses dezesseis anos de trabalho.

Seus nomes e cidades serão omitidos, evidentemente, pelo respeito à privacidade que devo a cada um deles.

E também pelo possível estrelismo que iludiria alguns, pensando quem sabe em aparecer num livro (este nosso povo "viaja"...).

Mas eu também sempre fui muito vulnerável nesse sentido. Quantas vezes não nos "vestimos" do ambiente ao nosso redor. Cada lugar, cada pessoa que conhecemos pode ditar nosso comportamento naquela situação, até mudando o nosso caráter. Minhas convicções duravam até a página dois da história...

Em nosso mundo estranho, inconscientemente talvez vivamos como se estivéssemos sendo filmados por uma TV cósmica, como se fôssemos protagonistas de uma série, num roteiro que vende demais na mídia. Gostamos de tragédia, complicar para dar audiência.

Pura ilusão.

No geral, somos insignificantes, ambulantes anônimos, e infelizes.

À noite, a solidão, o medo e a tristeza nos perseguem. Então vêm os risos artificiais embalados pelo efeito da canabis, os cantos desafinados e alegres inspirados por três copos de cachaça – ai, como é difícil aceitar, compreender, pedir ajuda e se transformar.

Mas o tempo traz amadurecimento (e, para mim, também a calvície...).

O amor que hoje sinto pelo ser humano me permitiu ver coisas além. O desejo de encontrar caminhos é o meu combustível.

E o amor pode transformar uma realidade amarga. Mas amor incondicional. Amor sem interesse, que está quase extinto hoje.

Dedicação e boa vontade não estão na ordem do dia, nem na conversa do ponto de ônibus. Em geral, os personagens de nossas conversas são hilários, trágicos, estranhos, mas no fundo vazios, e por quem somos indiferentes.

Assim, falarei aqui não exatamente do que as pessoas são, mas da forma como eu as vi, como me envolvi com elas, dos sentimentos que percebi, e dos quais talvez elas próprias não se tivessem dado conta.

Eu admiro e apoio pessoas que, ao longo da vida, resolveram assumir sua condição, seja ela qual for. E aqui acompanharemos pedaços de histórias de algumas delas.

Quanta gratidão me vem ao coração quando penso que estes relatos podem tocar a alma machucada de pessoas iguais a mim, na imensidão do mundo dos malucos...

Empatia, identificação, riso de cumplicidade. Somos do mesmo padrão repetitivo e autodestrutivo de comportamento, mas todos queremos ser reconhecidos, queremos ser amados – e todos temos o potencial de também amar.

As pequenas histórias que contarei aqui são, também, de certa forma, crônicas românticas.

Colocarei de minha parte um pouco de poesia, se a musa me conceder a habilidade para ela, e minhas reflexões. Como eu disse, não é só o que de fato aconteceu, mas também o que eu, com uma visão ao mesmo tempo afetiva e profissional, consegui compreender.

Hoje o dia está muito seco.

É setembro, aos seus 28 dias.

Muita paz se instala no meu ser, no meu corpo já meio cansado, aos dezesseis anos desta nova vida.

Se você leu até aqui, convido-o a continuar. Já somos amigos conversando sobre a vida, as pessoas, os sentimentos.

"Tamo junto."

Brilho nos olhos

Era japonês. Tinha seus quarenta anos de idade.

Uma calma e um jeito de falar devagar, compassadamente, peculiar a sua nacionalidade ou descendência.

Conversamos sobre a vida louca do abuso de álcool.

Estava internado por ter se deprimido com problemas em seu pequeno comércio, grandes prejuízos, rivalidades familiares.

Nunca conheci nenhum de seus irmãos. Seus pais já eram falecidos.

O que me chamou a atenção foi sua força interior, que, independente de força externa, se tornara seu pilar de sustentação.

Não chorava nunca, mas seus olhos brilhavam quando ouvia uma declaração honesta de alguém que percebia sua luta, seu esforço.

A bebida é extremamente egoísta. Primeiro tira tudo o que a pessoa tem. Depois que fica só ela e a pessoa, então sim esta pode morrer.

Então, quando morre, já está separado de tudo – família, amigos, bens materiais.

Mas com o Márcio não foi assim. Entendeu tudo. Percebeu que eu tinha real interesse em lhe passar informações que poderiam ajudá-lo a não beber nunca mais, um dia de cada vez. Um velho lema dos alcoólicos anônimos – evite o primeiro gole.

Evite a primeira agonia, angústia, solidão. Gatilhos armados dentro da mente que levam à volta ao uso.

Sensação de que nada vale a pena.

Conversamos muito. Tornou-se meu amigo.

Sempre ligava para mim, me encontrava onde quer que eu estivesse trabalhando. Chegou a vir me visitar em Campinas uma vez.

Poucas palavras.

Brilho nos olhos meus, também.

Mulher sincera

Ela havia se viciado em crack. Sumiu de casa e começou a se prostituir.

Tinha uma filha de treze anos que perguntava muito dela.

Era viúva.

A dor maior que sentiu foi quando, numa noite de terça-feira, na avenida onde fazia ponto para programas, parou um carro com insulfilme que lentamente abriu o vidro traseiro – era sua menina que queria que ela buscasse uma internação.

O ano era 1996.

O choque do contato com sua antiga realidade, a dificuldade de encarar sua própria filha ajudaram-na muito a entender a gravidade de sua condição.

Negamos o óbvio. Fugimos do que amamos. Vendemos barato o que é mais importante para nós.

Estes eram assuntos de nossas reuniões na comunidade onde a conheci.

Sempre sincera, com seus trinta e seis anos.

Chorava muito. Descontrole emocional, muito comum nos primeiros meses de abstinência do uso. Eu sempre imaginava – que companheira, que parceira ainda poderia ser do próximo homem com quem se relacionasse...

Uma mulher sincera. Estressada mas sincera.

Terminou o tratamento no final do ano, deu-me uma agenda com capa de couro e um forte abraço. Às vezes me ligava para contar sobre seu progresso.

Quanto vale isso?

Sou o cara mais rico do mundo! O que vivi é impagável.

Ela permaneceu bem. Uma mulher madura.

Mãe, filha, cuidadora de pessoas de idade como profissão.

Carinho, afeição, amor.

Bom saber que fiz parte disso.

Valeu!

Morte correndo e vibrando nas células

Muito estarrecedor.

Ela respirava a morte. Olhos tristes e vazios. Sorriso raro.

Abandonada pelo marido, que arranjou outra no período de sua internação num sanatório psiquiátrico.

Duas filhas, ainda crianças. Meninas lindas com seus cabelos crespos.

Na casa onde procurou ajuda, foi roubada pela monitora. Mas não tinha iniciativa para reclamar nem o que merecia...

Algumas assistentes sociais a visitavam e queriam resolver seu problema de moradia e endereço, para ela poder manter contato com as filhas.

Muito empenho de todos a sua volta, mas seus olhos vazios, seu olhar distante era de desanimar a gente. Eu conseguia arrancar com muito custo um sorriso ou outro nas reuniões de grupo.

Depois de um longo período de internação e recaídas nos excessos de remédios, ela se perdeu de nós. Foi trabalhar com moradores de rua numa instituição próxima.

Sentia-se perdida sentimentalmente, sexualmente.

Incomodava-me o rumo que as coisas tomariam. Sem perceber, também me envolvi emocionalmente na história.

Chegava triste em casa, às vezes. Minha esposa perguntava o motivo, e a gente conversava demoradamente para aliviar o peso do urso sentado em minhas costas.

Muitas orações, muitos pensamentos ligados a ela, muitas vezes tentando manter contato, saber notícias, tudo em vão.

Ela se suicidou em 2009, depois de se deprimir muito por excesso de medicamentos.

Tinha a morte correndo e vibrando em suas células.

Chácara de moradia

Seria pretensão chamar de *clínica* – uma pequena chácara de três mil metros quadrados...

Os alojamentos, pequenos. Beliches espalhados pelos quartos de dormir.

Na cozinha, dois rapazes preparam o almoço. Na sala da TV acontece a reunião sobre o programa dos anônimos.

Experiência compartilhada no dia a dia do lugar.

O coordenador da reunião a conduz de forma produtiva para que não haja discussões, pessoas cansando o grupo com excesso de palavras.

Há com certeza uma atmosfera de recuperação.

Naquele momento pode acontecer um despertar de um dependente para uma vida nova.

Pode, quem sabe, vibrar uma emoção de quem fala, as lágrimas de quem ouve. Empatia. Esta é a resposta.

Todos sabem que há verdade nas palavras do orador, alguém que já passou pela mesma experiência.

O tema da reunião hoje é: RESSENTIMENTO.

O residente de uma comunidade se perde em pensamentos de rancor.

Pensa muito no que não deu certo em sua vida, no que o transformou em pessoa infeliz. Procura causas no mundo externo.

Culpa a tudo e a todos, mas nós sabemos que a resposta é bem outra.

Nossa leitura da vida é o que nos torna dependentes de prazer imediato.

Nós, adictos, somos sinceros quando dizemos que nada em nossa vida fazia sentido. Perdemos o contato com a realidade social. Nos afastamos de tudo que é convencional. Horários, compromissos, progresso profissional e financeiro.

Difícil para quem olha de fora, pior para quem está dentro do problema.

Mas há esperança.

Uma luta diária, um esforço a mais.

Acredito sempre.

Falando com plantas

Ele tinha um costume estranho.

Falava com sentimento com as árvores do gramado. Às vezes era visto saltando e rindo em um parque. Uma doença mental temporária de quem vive muito tempo sozinho, assim explicou o médico psiquiatra da comunidade.

Criamos personagens e damos vida aos objetos ao nosso redor para driblar a solidão que nos enlouquece.

Ninguém quer pertencer ao nosso mundo. Ao contrário, tem medo dele. Parece perigoso e estranho.

Uma conversa daqui, um comprimido dali, uma consulta, uma reunião, alimento, sono, sorrisos, inclusão na vida real. Ele veio se restabelecendo gradualmente.

O amor que hoje transmite aos residentes desta mesma comunidade é de emocionar (quando escrevi isso já haviam se passado três anos e meio).

Percebo uma característica nos dependentes – medo de pertencer.

No passado, quando me dava conta de que estava dentro de uma camada da sociedade, de um grupo de pessoas ou mesmo de uma família, eu tinha medo.

Meu coração era solitário.

As pessoas queriam contato, carinho, palavras de incentivo; amor, enfim.

Para os outros, quando eu agia assim era manipulação, interesse, oportunismo, chantagem emocional.

Difícil para eu ser autêntico.

Minha personalidade, eu pensava, era só interior e merecia permanecer escondida.

Com o Oswaldo era diferente.

Apesar de termos a mesma doença da adicção obsessiva e compulsiva, insanos e egocêntricos, ele contrariava a regra. Transformou sua loucura temporária em gratidão, em dedicação.

Todos os dias é alegre, espontâneo. Sempre disposto a ajudar. Olha para mim como quem gosta sinceramente, coisa rara em 2012...

O mundo precisa de mais Oswaldos, de mais pureza, de mais honestidade.

Por isso é que vale a pena jogar neste time, fazer parte desta obra.

A recompensa é sempre maior do que esperamos.

Um pequeno progresso de qualquer ser humano deve ser sempre valorizado.

Aprender a ser simples, esta é a minha meta, meu objetivo.

O simples atrai, comove, fala mais alto ao coração.

Oswaldo é assim. Simples, previsível e ao mesmo tempo surpreendente.

Como é bom estar envolvido nisso.

Quando eu, na minha solidão, pilotando minha moto na rodovia Anhanguera de uma comunidade para outra, penso tanto, vou do riso ao choro em quinze minutos, observando, percebendo tudo isso acontecendo dentro do meu pequeno universo.

Se isso não é viver intensamente, o que é então?

A vida pulsa na alegria de ver pessoas queridas e próximas realizando seus sonhos singelos, suas buscas de felicidade.

Hoje pertenço. Faço parte. Contribuo.

Nada a pedir. Só a agradecer.

Analogias

Se fôssemos comparar nós, funcionários das comunidades terapêuticas, com outras figuras, haveria muitas analogias.

Poderíamos ser o palhaço de um circo que sofre com um problema pessoal, mas precisa colocar o nariz redondo e fazer rir mesmo que ele próprio queira chorar.

Um boi de piranha que é picado com faca e depois jogado no rio para que a boiada possa passar sem ferimentos.

Poderíamos ser os bastidores de uma grande TV, que permanecem anônimos.

Alguns nem recebem dinheiro pelo trabalho. São voluntários, são dedicados. (Alguns até desenvolvem os trejeitos, a gíria dos adictos na convivência diária, mesmo sem nunca ter sequer bebido demais.)

Entre psicólogos, médicos psiquiatras, estagiários, assistentes sociais, monitores, conselheiros, técnicos, dirigentes, conheci muita gente interessante.

Alguns, distantes e frios, não tinham compromisso com a causa, mas a maioria dos profissionais são amorosos e competentes.

Poderia comparar todos nós a professores de ensino fundamental, ensinando o básico da vida para quem se perdeu até de noções de higiene cotidiana.

Somos mãe, pai, irmão mais velho e ombro amigo para desabafar.

Será que somos heróis?

Acredito que todo ser humano que trabalha para o bem, ignorando às vezes suas necessidades pessoais, é um herói em potencial.

Quem acredita quando todos duvidam, quem luta quase sem forças contra um problema sério e grave e põe esperança nos olhos de quem já nem olha mais no semblante das pessoas? Quem consegue encontrar ou fazer se encontrar quem está fugindo de si mesmo?

Com a experiência, o treino e o tato, conseguimos iniciar e gerenciar um conflito produtivo entre os residentes, a fim de criar uma identificação com os mais rebeldes e com dificuldades de se adaptar.

Somos, sim, heróis!

Você que lê também é. Também pode ser.

Participa de um novo mundo, de uma nova proposta: entender antes de julgar e condenar – você que não tem preconceitos; você que ouve calmamente quem está sofrendo, até com uma dor imaginária; você que tenta entender os conflitos internos de outra pessoa e os seus próprios em momentos de extremo cansaço. Todos somos heróis. Não é preciso modéstia aqui.

A primeira pessoa a se iluminar é aquela que acende uma vela no quarto escuro representado pela drogadicção.

Somos, você e eu, amigos que ainda não se conhecem, companheiros que não estão juntos, ainda.

Há de haver solidariedade, sincronismo. Buscamos de forma diferente o mesmo objetivo espiritual – o bem-estar, a qualidade de vida de quem amamos.

Por que não buscar, também, amar a todos sem exceção?

Não podemos nos dar ao luxo de excluir ninguém.

Todos nos ensinam. Todos nos ajudam. Todos são importantes.

Aprendi que isso é crescer.

Cada dia mais.

Uma manhã de inverno

Cheguei faltando dez minutos para as nove da manhã.

O coordenador da comunidade me pediu para fazer uma reunião com os internos que estavam na enfermaria.

Eles estavam impossibilitados de participar da reunião de grupo por estarem sob efeito de medicação pesada e por oferecerem risco de fuga.

Era uma clínica compulsória.

Mais de cem residentes estavam ali porque a família não podia mais suportar suas atitudes, seus roubos, sua agressividade.

Quase todos usuários de crack. Pessoas que se tornaram perigosas para si mesmas e para terceiros, família e a sociedade em geral.

Há uma conduta de proteção nesses casos. Por um tempo ficavam contidos na enfermaria sob vigilância, depois vinham para o convívio do grupo todo, podendo assim participar das atividades, da laborterapia e do lazer do cronograma da comunidade.

Naquela manhã chuvosa eu teria que fazer a reunião dentro da enfermaria, abrindo um círculo entre as macas e colocando cadeiras para simular uma reunião dos anônimos.

Ouvi histórias tristes, engraçadas, absurdas, macabras e de extremo abuso de drogas.

Nada mais me impressionava. Eu era um deles.

A convivência me fez saber muito até de drogas que não havia experimentado. Os adictos, em apenas vinte minutos, travam amizades que parecem ter mais de vinte anos.

Somos almas afins. Anjos de uma asa só que precisam do outro para voar. Professores competentes que não conseguem pôr em prática o que sabem. Que riem da desgraça o tempo todo, para fugir, para não encarar a real condição.

Fiquei comovido com a partilha de um deles naquele dia (partilha é o depoimento feito ao grupo por um participante). Comentei com o enfermeiro do dia, que me disse:

– Tá com pena? Leva ele pra sua casa. Esse cara aí botou fogo no cabelo da mãe enquanto ela dormia porque ela não quis dar pra ele o cartão do banco. Queria que a mãe, que recebe salário mínimo de aposentadoria e trabalha de diarista para melhorar a renda e pagar as contas, financiasse seu uso de drogas. Ele tem trinta e dois anos de idade e simplesmente nunca trabalhou e nem terminou o ensino fundamental. É um anjo do Senhor.

Compreendo que a doença muitas vezes se associa a comportamentos antissociais e atitudes de mau-caratismo.

Por outro lado, é certo que o uso de substâncias não pode explicar tudo – muitas vezes, também, é apenas uma pequena parte de um problema maior. Entre adictos, como na sociedade em geral, há pessoas que desenvolvem boa ou má índole.

Quantas vezes não mordemos a mão que nos alimenta como um cachorro que está ferido e doente?

Mas cada um de nós deve e vai pagar o preço pelos seus excessos.

A enfermaria daquela comunidade era a expressão desta verdade amarga.

Às vezes eu ficava triste vendo que o dependente tinha tanta fome de autodestruição, era autopiedoso demais que chegava a fazer com que todos fugissem dele para nem sequer ouvir sua voz chorosa e manipuladora.

Deus tenha compaixão de nós, essa tribo tão infeliz.

Depois de algum tempo me acostumei, me fortaleci e consigo, agora, transmitir esperança ainda que seja em ambientes de atmosfera contrária.

O antídoto para a picada mortal de uma serpente é feito com o veneno da própria serpente.

Podemos nos ajudar quando ninguém mais pode.

Graças a Deus.

Outras comorbidades

É comum encontrarmos adictos de comunidades terapêuticas, assim como moradores de rua, com alguma sequela ou consequência do abuso das drogas, com perda de contato com o mundo real e social.

São internos com um olhar vago, frio e distante.

Às vezes a carga de remédio ministrado pelo psiquiatra torna-o mais estranho.

É triste olhar para isso.

A esperança é de que, ao viver com pessoas menos atingidas pela doença, possam restaurar aos poucos seu estado normal. (Sinceramente, muitas vezes já nem sei mais o que é normal...)

Dificuldade de entender a reunião, dificuldade de permanecer sentado, capacidade de concentração severamente afetada.

Mas o pior é a solidão instalada em sua mente.

Conta histórias tristes para si mesmo e chora.

Tem medo do filme de terror de que ele mesmo escreve o roteiro, dirige e no qual é o ator principal.

Apagado num canto da sala, está um ex-gênio, um analista de sistemas, um desenhista talentoso, um projetista de maquetes de condomínio, um exímio funileiro, e por aí vai.

Olha pra mim fixamente até que eu pergunte:

– Deseja fazer uma pergunta?

Ao que responde:

– Posso ir ao banheiro?

A mãe zelosa

Dia de domingo.

O sol estralando no asfalto.

Lá vem ela já com seus 56 anos, duas sacolas nos braços.

Veio de ônibus, duas conduções. Está em pé desde as seis horas da manhã, para chegar na comunidade às nove horas.

Seu filho está aqui há dois meses.

A mãe enche os olhos ao perceber o quanto ele engordou, o quanto está melhor, fisicamente.

Ela trouxe lasanha no tuppeware e, num pequeno frasco, suco de acerola, que dizem que é bom para gripe.

Pensou em tudo. Cuidando carinhosamente dele como se fosse um bebê. Cigarros do Paraguai, balas, bolachas – juntara moedas para comprar.

Sorri com o filho no seu abraço.

– Foi Deus quem me deu ele.

Já é sua quarta internação. Ele tem 22 anos.

Nos dias anteriores, exercitou com força a má vontade.

Reclamou de tudo, não quis fazer e nem participar de nada. É marrento e preguiçoso.

Se falar isso para a mãe, ela debate.

Apesar dos seus 96 quilos, ele é apenas uma criança para a mãe zelosa. Cheia de esperança.

Mas a esperança cega os olhos de uma forma que a pessoa não consegue ver o óbvio. Pior: às vezes, cega o discernimento. Não podemos deixar a esperança se transformar em cega ilusão.

Conversando com ela num momento separado do grupo, ela me confessou:

– Sei que ele é difícil, mas se eu não me enganar e contar pra mim mesma que tudo isso é um pesadelo que está acabando, eu sofro ainda mais e perco o estímulo de estar com ele.

Hoje, que sou pai, percebo que às vezes também acredito em mentiras sobre meus filhos, talvez para não estragar bons sentimentos que tenho sobre eles.

A mãe zelosa era isso, e talvez continue sendo até o fim. Um sorriso falso, semiconsciente, alimentando o sonho de ver seu filho fora das drogas. (Algumas até mentem para que o filho seja aprovado na internação.)

Muita fé, e que isso possa se realizar. Mas podemos fechar os olhos a todos os aspectos da realidade?

Sei entender a decepção de pais e mães nesses anos todos. Espantamos o desespero de ter um potencial criminoso dentro de casa comprando bermudas coloridas, bonés e comidas de que eles gostam.

Na reunião de família, discutem com a gente sobre a honestidade do filho que estava preso e agora está internado...

Um metro e oitenta, 96 quilos, e uma mentira a cada dez palavras.

Poderia ser o filho de qualquer um de nós.

Será que uma mãe ou um pai têm sempre que olhar o filho como um anjo do Senhor? Será que isso não intensifica os problemas de comportamento que ele apresenta? Isso não prejudica ainda mais uma possível, e difícil, recuperação?

Parada do semáforo

Ele vem com o rosto expressando sofrimento e implorando piedade.

Vai de automóvel em automóvel pedindo pequenas quantias em dinheiro.

Consegue juntar dez reais no período de duas horas.

Feliz, corre até a mercearia e troca por uma nota de papel (traficantes não gostam de excesso de moedas. Gritam logo: "Tá ficando maluco?").

Quando atravessa a rodovia em direção à biqueira (ponto de venda de drogas), seu coração acelera e ele sente seu intestino dar um nó.

Há muito tempo deixou de ter escolhas.

Já não trabalha, já não se relaciona e muito menos namora ninguém. Se afastou da namorada quando ela lhe contou da gravidez.

Vida louca é o nome dado a esse comportamento, na quebrada.

Gritam eufóricos pelas ruas da cidade. Malvestidos, malcheirosos.

Alguns olham com lamentação, outros olham com raiva. Marginalizados.

Sempre contando histórias tristes para convencer a todos sobre sua condição.

Nada faz sentido.

Não se apaga fogo com gasolina.

Olhar de pedinte, gesto de necessitado, choram nos para-brisas todo dia.

Uma rotina desgraçada. Sol, chuva, frio, dia e noite – sempre estão lá.

Quando fumam uma pedra de crack, aí sim, sorriem e passam a pertencer a uma pequena classe de pessoas. Os *noias*.

Cometem furtos, se envolvem no tráfico, andam com armas, bonés, e quando estão sem efeito, seu olhar entristece.

Quem sabe há uma nova história a começar... O sofrimento pode transformar?

Que venha a esperança...

Em alguns casos, nada mais pode ajudar.

Haja dor pra redimir...

Crônica de maluco

Geração Woodstock. Coroas de cabelos compridos, brincos, jeans e couro nas roupas, acreditando que ainda é verdade o que se tornou mentira. O uso de drogas interfere no cotidiano, nos compromissos e na responsabilidade. Mas aquele tempo já passou.

Já estamos grisalhos e carecas.

Apareceu uma barriga enorme no corpo já cansado.

Os malucos esticam o prazer como se fosse um chiclete de framboesa. Tentam desesperadamente encontrar a brisa que não acontece mais. Dançam uma música que só eles ouvem. Estão numa festa que só malucos sabem que existe.

Doideira.

Geração de pais ausentes.

Tomamos ácido, alucinógenos, maconha.

Agonia. Desespero ao perceber que o que fazemos já não é mais engraçado nem inteligente.

A vida girou, o mundo rodou.

Os malucos invertem a ordem das coisas. São criados pelos filhos.

Os pais velhinhos ainda os sustentam.

Amadurecimento que não existiu.

Semente que não floresceu.

Dor da inutilidade, de se sentir atrasando as pessoas.

Também por isso mais álcool, indiferença, mais fórmulas de curar o atraso. Que pena.

O tempo é a única coisa irrecuperável.

O maluco sabe disso. Daí sua "incoerência lógica": mais alimento de maluco – drogas, álcool, entorpecentes.

Tornamo-nos reféns, aprisionados pela culpa. Remorso.

É possível a libertação. Um dia por vez.

Eu estou conseguindo.

Há 25 anos, 2 meses e 9 dias.

Amém.

Obrigado aos que pertencem ao grupo que me entendem.

Saudações.

Mais que estagiária, mais que profissional

Todos os dias estão lá, com um sorriso franco no rosto.

Meninas estagiárias de psicologia, serviço social ou simplesmente interessadas.

Cuidam como se os pacientes fossem família.

A emoção, a solidariedade são compartilhadas em muitas conversas, muitas refeições.

Difícil não se envolver.

Conheci uma em especial que morava longe, alegria dos adolescentes na comunidade.

Seu salário de estagiária ficava no trajeto de sua casa para o trabalho, mas nunca a ouvi reclamar.

Chegava sempre antes do horário, com uma dedicação impressionante.

Carinhosa, envolvida e dependente dos resultados. (O que estimula o nosso trabalho é o resultado, ainda que pequeno, ainda que pouco.)

Ela é especial. Nunca conheci alguém que não gostasse dela. Os internos sorriam sempre na sua presença.

Alguns de nós desenvolvem certo carisma, certo dom. Como o de trazer paz, esperança, acalento, afeto, alegria em meio ao sofrimento.

Carol era a imagem do aconchego mesmo sem nenhum contato físico. Ela tinha essa coisa de calor humano já na voz e nos trejeitos, já na sua chegada.

Que bom conhecê-la. Sou fã de pessoas boas, essencialmente humanitárias.

Vejo um mundo tão frio, individualista, materialista...

Na recuperação, o melhor remédio é espiritual.

Sentimentos puros são espirituais. Atenção pode salvar uma vida.

Às vezes, a única necessidade do dependente é que alguém ouça o seu grito mudo, perceba a angústia do seu olhar, seu medo da realidade. Somos criaturas carentes, sempre com a sensação de ter feito alguma coisa errada. Vamos amadurecer, pelo amor de Deus!

Que apareçam muitas Caróis de vinte e três anos de idade mais maduras que o tiozinho de 45. Que apareçam sempre.

Os problemas anseiam por respostas.

Elas existem, graças a Deus.

Sem sequência

Não existe ordem cronológica das coisas para o adicto ou alcoólatra; normalmente ele começa pelo fim ou pelo meio, nunca no início, nunca cumpre o protocolo: primeiro engravida a garota, depois casa ou vai morar junto e depois, só depois, namora – se houver tempo.

Pagamos caro pela falha de continuidade, de perseverança nas responsabilidades do cotidiano. Deixamos tudo pela metade. Como é difícil encarar essa realidade dolorida...

Hoje, depois de tantos anos, continuo a perceber em minha vida e na vida dos dependentes com quem convivo a falta de sequência, de continuidade, de cronograma, de projeto.

Até certo ponto isso seria relaxante – quebrar a rotina, tirar o peso da mesmice, o cansaço de repetir o mesmo todo dia.

Mas, a longo prazo, não é nem de longe produtivo. De repente nos vemos com mais de trinta anos sem nada concluído, sem nada duradouro. Nem profissão, nem estudo, nem vida afetiva. Criança irresponsável com barba no rosto.

A mãe falando com o patrão sobre o filho de vinte e cinco anos que tem faltado de forma injustificada ao trabalho sem sequer dar explicações.

Os psicólogos chamam isso de *síndrome de Peter Pan*. O eterno "ser pequeno".

Quando eu era menino, fazia grande sucesso um grupo de adolescentes cantores porto-riquenhos chamado Menudos. Todos com seus quinze anos ou menos. Quem ganhava características de adulto tinha de deixar a banda.

Somos menudos.

Mas temos chances de crescer, por mais que seja difícil. E ainda que seja sem sequência. Pode ser um pouco mais tarde, mas se quisermos, e com esforço, chegaremos à maturidade.

Tenho acompanhado pessoas inativas, fragilizadas, inconsequentes tornarem-se melhores com o passar do tempo.

Tenho notícias de ex-internos correndo atrás do atraso. Estudando, trabalhando, criando seus filhos, trazendo alívio e até ajudando financeiramente suas famílias inteiras.

O incendiário pode tornar-se bombeiro. O problema pode tornar-se solução, ou pelo menos parte dela.

Esperança é o que eu sinto quando pego minha moto de manhã para trabalhar.

Tenho sede de notícias boas. Fico feliz ao saber que pessoas que conheci derrotadas, deprimidas, inúteis e irresponsáveis, hoje estão relacionadas na lista de aprovados de empresas e universidades.

Hoje é a semente do amanhã.

Só se houver sequência poderemos colher alguma felicidade. Esta é a busca, sempre.

Velotrol

Era dia 23 de dezembro.

Ele estava desempregado, se sentindo inútil dentro de sua pequena casa de fundos.

Sua esposa saía às sete horas da manhã com seu filho de um ano e meio nas costas, agarrado nos cabelos, por cima dos ombros, todos os dias.

Deixava o menino na creche ou na casa de sua irmã mais velha.

Já fazia tempo que estava triste porque seu marido fumava crack e não conseguia se manter em nenhum emprego, nem informal.

Às vezes dava pela falta de algum objeto da casa: rádio-relógio, telefone sem fio, qualquer coisa que virasse dinheiro ou que se pudesse trocar pela pedra, pela droga instantânea, de efeito muito rápido e passageiro.

Ela se pegava chorando na ausência dele em algumas madrugadas frias da grande São Paulo.

Naquela antevéspera do Natal, ela chegou sozinha às seis horas da tarde com uma enorme caixa de papelão.

Era um velotrol de criança pequena.

Escondeu com um plástico branco em cima do armário de roupas no quarto.

Era o presente do pequeno Cauan.

Na véspera do Natal o noia sumiu, na madrugada. Calor, pessoas nas ruas, férias de fim de ano e biqueiras de drogas lotadas, "bombando", como dizem hoje. Incomodava-lhe um pouco a caixa nas costas, chegando entre a multidão na rua estreita da favela.

Seus olhos brilhavam. Um misto de dor e euforia.

Trocou o velotrol na caixa por duas pedras de crack de dez reais.

À noite, quando a esposa percebeu, enlouqueceu. Procurou por ele no bairro, em vão, nada de encontrá-lo.

No dia de Natal, por volta do meio dia, ele voltava na biqueira com a mulher e o filho no colo.

Pediu por tudo que é sagrado que o patrãozinho lhe vendesse até mais caro de volta o velotrol.

No meio da conversa percebeu um garoto de mais de quatro anos montado no brinquedo, já todo torto debaixo de um corpo maior e gordinho.

Seu nenê chorou e quis brincar com o velotrol que seria seu presente de Natal, mas o garoto, filho do traficante, gritou um sonoro NÃO e correu para dentro da favela com o brinquedo.

O casal e o nenê voltaram para a casa de dois cômodos amargando uma tristeza absurda, que lhe tirou a fome – nem tocaram no peru que a mãe dela tinha assado.

Com os olhos fixos no vazio, ele lacrimejava, e foi naquele momento, exatamente naquela hora, que decidiu se internar numa clínica de reabilitação.

Todos temos um limite.

Todos temos no fundo da alma a liberdade de colocar um ponto final em tudo que nos faz sofrer, que nos humilha que acaba com nossos princípios e valores.

Ele nunca mais usou crack. Hoje é vendedor de telefones celulares, com sua roupa social, perfumado e barbeado.

É um excelente pai de família.

Como é gratificante fazer parte disso. Pertencer a este pequeno giro do mundo: a vida de alguém que se renovou.

Obrigado.

Ele só tinha dezesseis

Era um garoto de olhos azuis. Artista, meio loiro, de cabelos compridos.

Tinha nome de anjo. Vamos chamá-lo, aqui, de Rafael.

Alto astral, cheio de vida nos seus dezesseis anos de idade. Morava no litoral sul de São Paulo.

Ele ficou numa das comunidades em que tive a oportunidade de fazer reuniões de estudo dos doze passos[1].

Gostava do assunto, questionava muito, queria saber, entender, era participativo.

---

[1] Os doze passos são um programa de reflexões e propostas de mudança de comportamento visando a transformação da perspectiva de vida e a libertação da dependência química. Originalmente formulado em grupos de Alcoólicos Anônimos, hoje faz parte dos programas de tratamento de outros grupos de apoio, clínicas e comunidades terapêuticas. Para saber mais, consulte-se, por exemplo: www.na.org.br

Sorriso franco de criança crescida. Pra mim, poderia ser um filho – na época, eu tinha trinta e três anos.

Já admirava a geração de adolescentes com sua energia e sua maneira direta de expressar os sentimentos.

Aprendi com ele. Ri muito com ele.

Mas o menino tinha dificuldades de parar de usar cocaína.

Na região onde morava, curtia demais a loucura. Não queria sair da festa.

A maioria de nós não percebe quando a festa acabou.

Ele já estava internado pela segunda vez e sua mãe, separada de seu pai, estava esgotada, envelhecida, deprimida.

Uma manhã, foi embora da internação. Abraços e sorrisos, desejo de boa sorte, se cuida, juízo, me liga, vai ao grupo de apoio[2]... Enfim, todas as formalidades.

Quase um mês depois, ficamos sabendo do acidente.

Ele voltara a usar cocaína e, às vezes, pedia para sua mãe trancar o quarto por fora, no apartamento de sexto andar onde morava.

Jogando vídeo game no seu quarto, ele se esquecia, às vezes, do efeito atraente do pó.

Mas não naquela noite quente de verão à beira-mar, sexta à noite.

Trancado no quarto e sozinho no apartamento, sabia que se arrombasse a porta e descesse pelo elevador seria visto, e mais uma vez sua mãe ficaria decepcionada e magoada.

Pensou, então, numa *teresa* – corda feita de lençóis para fugir de cadeias, orfanatos.

---

[2] Grupos de apoio como os Alcoólicos Anônimos (AA), Narcóticos Anônimos (NA), Familiares e Amigos de AA (Nar-Anon), Amor Exigente, entre outros.

Pegou cobertores, lençóis, colchas, tudo que encontrou no seu pequeno quarto de solteiro.

Mas era o sexto andar.

Quando havia descido apenas um metro e meio, o nó se soltou e ele caiu de costas a uma altura de 18 metros.

Esmagou a parte traseira do cérebro. Entrou em coma e esteve internado na UTI por dezesseis dias.

Os médicos diziam que sobreviver era possível, mas que não seria mais lúcido. Que não teria a maior parte dos movimentos do corpo, inclusive do rosto.

Sucederam, então, correntes de oração da parte de todos que o conheciam, de todas as religiões, até de religião nenhuma.

Cheguei cedo naquela sexta-feira na comunidade.

O coordenador que tinha contato frequente com a mãe do menino, com os olhos tristes, me falou:

– Rafael subiu.

Codependência

A família toda se mobiliza.

Pede ajuda, procura o pastor da igreja pentecostal, o padre, o seu José do centro espírita. Baixa informações no site de busca, vasculha vários sites da internet.

A mãe com certeza é a mais atingida. Triste pelos cantos, com vidros de antidepressivos e remédios para dormir.

Às vezes, na madrugada, abre um pouco a janela do quarto e olha para a rua vazia.

O coração dispara quando toca o telefone em qualquer momento.

O garoto (Nenê, como é chamado pela família toda) é então internado numa clínica compulsória.

Com o passar do tempo, tudo muda.

Ele, depois de vinte anos de uso de drogas, e trinta e seis de idade, para de usar, mostra um semblante amadurecido e sereno.

Barba feita, roupas limpas, um emprego, uma namorada.

Tudo enfim está bem.

Mas a mãe, assustada, maltrata seus novos amigos, com medo de eles serem viciados. Vasculha suas gavetas procurando vestígios de drogas. Cheira suas roupas e, quando ele está no banheiro, chama por ele pra que não demore.

A situação mudou, mas a sensação é a mesma. Há um vazio na vida dela. Não há mais a demanda do cuidado maternal, não há espaço para mostrar sua capacidade de criar um filho criado. Não é mais a heroína de todas as madrugadas andando pelas ruas do bairro à procura do "nenê".

Há muito tempo deixou de cuidar de si, de fazer dieta, de buscar autoestima. Está obesa e triste, envelhecida e pouco atraente para seu cônjuge ou namorado, o padrasto cuca fresca do seu filho.

Nas conversas cotidianas, todo mundo tenta explicar pra ela que o menino mudou, que já passou a fase do terror. Agora ela precisa viver. Voltar a passear, viajar, curtir a vida que lhe resta.

Mas seu olhar mórbido ainda mira através da vidraça, na madrugada, a rua vazia, como alguém que volta à cena de um filme romântico para se deleitar com o texto, o roteiro, a paisagem.

Ela está ali. Não consegue se desfazer de sua história. Carrega o sofrimento como se fosse um troféu. Lustra-o com flanela na sua memória dolorida da vida.

Não consegue virar a página, ainda que o tempo passe.

Seu filho completa hoje dois anos sem álcool, sem drogas.

Ele conseguiu superar. Ela é como o acidentado que sente doer e coçar o membro do corpo amputado.

Ela se tornou dependente da aflição, que passou – dependente do medo, dos cuidados, das tensões. Não sabe mais viver com a ausência disso.

Tornou-se dependente de ter um dependente.

Nem amor, nem compromisso

Percebi, logo que cheguei naquele dia, que ele havia mais uma vez trocado de carro. Era uma caminhonete com rodas esportivas de alumínio.

Não é da minha formação invejar os bens materiais alheios – mas o meu pagamento estava atrasado.

Há tempos que os residentes só comiam salsicha no almoço e no jantar. Às vezes, arroz com repolho.

Ele conseguia arrecadar dinheiro nas prefeituras da região, devido a suas relações políticas. Mas funcionários e residentes eram sempre esquecidos nos momentos bons.

Nas crises, eram os primeiros a ser sacrificados. Redução de salários, redução de gastos com comida e lazer dos internos... Uma perua Kombi, estourada embaixo de uma árvore, servia para levar os residentes ao grupo de apoio mais próximo.

Mas nada acontecia para evitar gastos pessoais. Acumulava-se patrimônio, terrenos, casas e apartamentos no inventário do proprietário, diretor do espaço terapêutico.

Os monitores recebiam uma pequena quantia em dinheiro – em média, menos que um salário mínimo – e um maço de cigarros do Paraguai por dia, para trabalhar por volta de dezesseis horas por período de vinte e quatro.

O cansaço e o estresse emocional estavam estampados nos olhos fundos por trás dos óculos do coordenador. O diretor só aparecia de quando em quando.

Somadas todas as horas que ficava na comunidade, daria, sendo generoso, seis horas por semana.

O resto do tempo: pescar, viajar, andar de carro novo, restaurantes bons, roupas caras, equipamentos de som, amante, nova empresa, novos investimentos.

E os meninos almoçavam arroz com repolho cozido, doação da pena alternativa (procedimento a que são submetidos pequenos infratores que passam por audiências no fórum da cidade).

Ambiente insalubre, chuveiros queimados, lâmpadas queimadas, toalhas de mesa e guardanapos encardidos, móveis caindo aos pedaços.

Este é o retrato de certas comunidades no interior do Estado de São Paulo, e por aí afora.

Os diretores desses espaços? Difícil falar com eles. Sempre estão em reunião.

Uma vez que alguém usa drogas e, ao tentar se recuperar, é tratado como se tratam todos os usuários da ativa, não terá em nenhum momento a sensação ou a possibilidade de libertação.

É triste a verdade, em se tratando desse tipo de lugar. Forma-se um ciclo, de ir e vir, de voltar sempre às comunidades terapêuticas que maltratam. Instala-se, na mente do paciente, a atração pelo fracasso, a condenação pela culpa. Os donos dessas comunidades sabem disso.

O dependente tem baixa autoestima e deixa a miséria como pagamento. Aceita a dor por merecimento. Os donos aproveitadores sabem disso. Não têm amor. Nem compromisso.

Não são, é claro, todos assim, nem todos os espaços. Mas existem, e cabe o alerta – aos pais, parentes, cônjuges e amigos, para terem os olhos abertos, para zelar pela real saúde daquele que buscam ajudar, avaliando com critério o espaço em que vão encaminhá-lo.

O espaço físico, a presença e acessibilidade dos proprietários e diretores, a comida, o quadro de funcionários, a apresentação dos funcionários, a humanidade de todos os envolvidos.

Alerta!

Paz e amor

O movimento dos anos 60 trazia esse slogan. Cabelos longos, roupa colorida, desapego a bens materiais e à rotina capitalista – trabalho apenas para pagar a comida e a roupa. A maioria não tinha nem moradia. Eram nômades.

Assisti ao filme *Hair* ("Cabeludo", em livre tradução) nos anos 70, quando adolescente. Adotei a ideia de liberdade e harmonia em que viviam.

Os hippies me atraíram por sua ideologia. Mais tarde soube que seus olhos tranquilos, seu semblante sereno eram resultado de muita droga, muita canabis, muito ácido lisérgico.

Atraía-me a maneira como se posicionavam em relação à guerra, ao amor livre, dormindo em barracas e fazendo artesanato e bijuterias manuais. Simpatizava com esse estilo alternativo de vida.

O coração batia forte vendo o filme, pensando na liberdade de viajar pelo mundo sem me incomodar com nada.

Uma loucura sadia. Mas eu não sabia fazer artesanato, nem queria dormir em barracas de nylon e, então, usava as mesmas drogas e viajava sem sair da pracinha, ali mesmo no bairro. Quanta busca sem sucesso! Quanto sonho sem fundamento!

E o tempo passando.

Os hippies ainda estão por aí, sorrindo e vendendo roupas coloridas, pulseiras de couro e bijuterias em salas alugadas no centro da cidade.

Eu rodei, quis ser muita coisa, não saí do lugar. Reconheço isso em quase todos os adictos que conheço. Desejos, vontades, sonhos abandonados.

Seus olhos brilham quando falam de suas aventuras imaginadas. Olham para o horizonte vazio buscando sentido e apoio na realidade para sentir que tudo é possível.

Mas depois se frustram com a vida cotidiana. As contas, a esposa, o filho-problema, o trabalho cansativo, o salário insuficiente, o medo da verdade.

A verdade não é como eu queria. Me empolgo, entro em euforia e logo em seguida em depressão por perceber que não vai acontecer.

Mas é possível trocar a viagem, trocar os valores. Tenho feito isso.

No aconchego dos grupos de apoio. Paz, amor, harmonia, humildade, boa vontade reais, não numa viagem distante, alienada.

E há amigos lá. Viajam comigo, choram comigo e me trazem de volta dentro da minha própria história. Ainda bem.

A culpa é de quem?

Eles estavam, naquela tarde de sábado, na delegacia de polícia por causa de uma batida de carro de seu filho embriagado e alucinado.

Ele desenvolveu trejeitos e maneiras estranhas ao longo de sua vida de dezenove anos.

O pai, com um olhar sério, e a mãe, chorando em silêncio, ouvem o sermão do delegado de plantão. "Eu não estou aqui para colocar limites nas atitudes dos filhos dos outros. Não. Só vai sair depois de pagar a fiança."

"Por misericórdia de Deus, ninguém se feriu gravemente."

"Fato corriqueiro nos dias atuais"... Seu Arnaldo e dona Bete muito ouviam falar sobre isso no noticiário das 7 e 15 da TV Regional.

Agora era seu filho Felipe que estava ali, assustado e arrependido, com seu jeitão de bebê crescido.

Há algum tempo curte os excessos. Fala alto, bebe muito, ouve música no maior volume, come demais, gasta muito dinheiro, usa drogas, vai à academia de musculação e tem um chulé horrível.

Típico jovem contemporâneo.

A namorada tem piercing no nariz e costuma pintar o cabelo com cores exóticas. Só são humildes quando precisam muito de alguma coisa, ou quando surgem problemas e prejuízos que não têm condições de resolver ou pagar. Só se calam quando dormem.

A mãe, o pai, a avó, quem quer que seja que criou o garoto se pergunta, indignado: "Onde foi que eu errei? Fomos permissivos, agressivos, indiferentes? Estávamos ocupados demais com contas, prestações do carro, faculdade dos irmãos, um futuro melhor para vocês?"

Felipe se distanciou de todos. Há tempos não conclui nada a que dá início. Só acaba com a droga que compra na esquina do beco.

Pega o carro do pai depois de 20 minutos de sermão, sábado, para o rolê. Terminou, assim, no 9º distrito policial.

Eu respiro isso todos os dias: o coração de mãe e pai de dependente acelera e volta ao normal até causar danos irreversíveis no seu funcionamento.

Morrem a prestação, um pouco a cada noite mal dormida.

Irreconhecível o rapaz lavando o rosto na pia do banheiro. Olhos nos olhos nunca mais. Foge do abraço e do carinho da família. Dentro do seu coração, não se sente merecedor.

Vai em busca de afinidade na pracinha. Identificação,

mesma história, violão tocando música de outros dependentes que já se suicidaram.

Ali o suicídio é diário. A morte é a ausência de vida. Drogas e viver são incompatíveis.

Não há diálogo, convivência, amor, saudade, alegria, carinho, afeto. Só euforia e depressão.

Euforia para comprar, o ritual da busca de drogas, e depressão quando em poucos minutos o efeito acaba.

Dona Bete procurou ajuda. Foi atrás de informações nos grupos familiares, leu livros sobre o tema, procurou na internet e depois de muito tempo entendeu – não há culpados, só vítimas.

O dependente sofre as consequências do seu uso: isolamento, solidão, miséria, abandono, perda da inteligência, gradativamente – não realiza mais tarefas nas quais tinha habilidade surpreendente; vive constantemente trancado, recluso, separado da sociedade.

A família chora sua ausência, olhando fotos de quando era "normal", um filho carinhoso, alegre e de coração generoso.

Há uma luta diária para não desistir, para não se entregar ao ansiolítico, ao calmante para dormir, à depressão instalada.

Se eu pudesse, daria um jeito em tudo isso! Como é bom ver o olhar agradecido de uma mãe, um pai, uma esposa e até de filhos menores de idade...

A doença da dependência química (catalogada na Classificação Internacional de Doenças, CID) é hoje uma rotina não só minha, mas de nossa sociedade.

E bem de perto eu posso confirmar, vendo o atraso de

vida do dependente, a tristeza nos olhos dos pais – mas, depois, vendo a alegria que surge com a possível recuperação, ali na minha frente: a harmonia do lar que se restabelece.

Em grande parte dos casos, não há culpados – só vítimas.

Quando não se entende isso, só se alimenta o rancor.

Solução em dose diária

Tenho visto a recuperação de muitas pessoas, algumas que hoje até convivem comigo no meu dia a dia.

Às vezes sou convidado para uma festa de formatura ou de casamento de ex-interno de uma comunidade qualquer em que trabalhei.

Não há cura instantânea. Não há conversão imediata.

O que pode haver são melhoras gradativas e crescentes. Porém, o número de recuperados ainda é pequeno.

Acredito que é preciso melhorar a abordagem de acordo com o grau da doença, quanto o adicto foi afetado por ela.

Às vezes os profissionais envolvidos não têm o envolvimento emocional necessário (é preciso equilíbrio, mas não indiferença, distância fria).

Por outro lado, é um trabalho que desgasta. Dar atenção às dificuldades alheias hoje em dia é uma tarefa pouco reconhecida.

As pessoas estão sempre com pressa e com muita coisa para fazer. A impressão é de que o dia ficou pequeno e que faltam horas.

Raramente estamos relaxados. Sempre tensos e preocupados, parece que procuramos problemas para resolver.

Muitas vezes observo que este comportamento também é o meu. Mas, quando estou na reunião temática de qualquer comunidade, eu medito, descanso e me renovo.

Tentar tornar a vida dos outros mais leves nos faz mais leves. Aceitar as limitações dos outros nos faz perceber a nossa.

Crescer é bom, mas demora. Amadurecemos no convívio. Entender o ser humano que caminha pela vida ao seu lado – esta é a aventura.

Precisamos nos recuperar da autorrejeição. Buscar prazer imediato é fugir de nós mesmos, é voltar para trás.

A evolução se dá em pequenas doses. Dentro de cada reunião, de cada conversa, sentimos a empatia e a certeza de que já não sou o mesmo de ontem.

As plantas crescem sem serem notadas. Têm vida. Há mudanças no ar da comunidade terapêutica.

Movimentos leves como a brisa que refresca o calor e move lentamente as folhas das árvores – assim é a recuperação acontecendo. Como fases, como ciclos.

Tempo de estar internado, tempo de voltar para casa, cultivar novos sonhos ou reativar sonhos antigos.

Não somos feitos para a sarjeta. A vida chama para dançar e brincar de roda.

Os adictos percebem isso e sorriem. Uma nova sensação. O despertar de uma emoção.

A cada dia, em pequenas doses, sempre.

Amém.

Breve comentário sobre **fé...**

Vamos deixar claro: a reflexão a seguir não é informação de um especialista (um médico, um teólogo, um pastor...). Não pretende ser uma resposta definitiva, não é um encaminhamento técnico, mas não deixa de ser uma diretriz: *a fé transforma.*

A fé é o projeto da mente. É a esperança do povo.

Ela faz moradia nas mentes sadias.

Pessoas de fé sorriem mais, olham de maneira mais otimista para a vida.

Quando minha fé diminui, isso é sentido pelo companheiro ao meu lado. Nós, humanos, somos seres espiritualizados, no sentido de que emitimos algo como uma frequência mental, afetiva.

Além disso, acreditamos mais naquilo que não se pode ver.

A alegria flutua no ar numa pequena confraternização de dependentes.

Há alguém tocando um violão.

Na primeira reunião da manhã, trechos bíblicos são lidos, e também mensagens de esperança independentes de ligação religiosa.

Para haver confraternização, não deve haver preconceito, não deve haver aquele espírito de confrontamento que visa apenas derrotar o outro.

Cada um acredita naquilo que lhe faz bem, desenvolve a crença no poder que lhe traz paz e conforto. É um direito individual. E é um dever individual respeitar esse direito de todos.

Por onde andei senti a fé nas pessoas. A dor e o sofrimento são o motor desta conquista. Se não for pela fé, o suicídio se instala – é o que minha experiência tem me mostrado. As pessoas ficam tristes pelos cantos e dormem demais para não ter que despertar para o desespero, a falta de horizontes.

Quando alguém me diz que perdeu a fé, eu me incomodo, fico preocupado. Não há sonhos sem fé. Pode ser qualquer crença, qualquer ritual, qualquer motivação. Mas é preciso ter fé.

Para sair de casa de manhã, para saber que se é do bem, que sua luta é para melhorar o mundo.

Posso melhorar o pequeno mundo a minha volta.

O mundo ansioso que está nos olhos de quem me ouve.

Estou inspirado, interessado, de boa vontade quando tenho fé.

A falta da fé deixa tudo mórbido, vazio, sem alegria.

Olhando para a destruição que as drogas causaram na vida de alguns que estão por ali, nas reuniões de grupo, eu penso muito em reformular a minha fé. (Muitas vezes, não temos muito além da fé.)

Preciso moldar a minha esperança, renovar as minhas convicções, acreditar mais que o impossível pode ser possível e se tornar natural.

Qual explicação para tudo isso? Qual a força que me alimenta? A fonte de minhas ideias e inovações?

Posso não ter estudado muito, mas eu me tornei capacitado dentro do campo em que trabalho.

Através da fé, o que é pouco provável acontecer acaba acontecendo.

Aquele que simplesmente não conseguia andar, começou a correr, saltar, vencer.

A vida acaba sem a fé. Sem ela, nunca seria produtivo acordar de manhã e ir trabalhar com pessoas que se sentem condenadas ao fracasso. Automarginalizadas, doentes, infelizes.

Mas eu tenho fé.

Eles não são dependentes incorrigíveis. São seres que se perderam na jornada, se afastaram da estrada.

Dentro de pouco tempo estarão voltando. Porque já vi, porque sonhei, porque participei – tenho fé.

Playboys – filhos de papai

Sua mensalidade é a mais cara. Seus privilégios também.

Podem dormir mais, comer melhor, até atender celular, manter notebook no quarto.

Mas são internos. Vigiados 24 horas por dia. Fazem musculação, tomam sol, ficam com seus corpos malhados, bronzeados – geração saúde.

Mas estão lá porque na rua cheiram cocaína até o nariz sangrar. Destroem o patrimônio da família.

Seu pai demorou trinta anos para conseguir a estabilidade financeira, conforto e até luxo.

O filho começa a detonar tudo. Bate o carro, vai preso, tem que pagar fiança, advogado, fora o transtorno, o estresse.

Briga com os irmãos, fala palavrões para a mãe fragilizada.

É problema, como diz o povão.

São garotos bonitos, sorridentes, saudáveis, bem vestidos, com seus óculos de sol importados.

Poderiam estar nas melhores universidades do país, conhecer o exterior, namorar muito, porque é a fase mais alegre da vida.

Todos sabem disso. Mas estão internados. Dormem em beliches, choram de saudade, olhando a foto de ex-namorada que não veio na visita, mostram pra todos os internos a imagem de seu sobrinho no visor do celular.

Já trabalhei em comunidades onde havia regalia, favorecimento. Errado – fica aqui outro alerta a pais e amigos, como mais um critério de avaliação da idoneidade da clínica ou comunidade em que internarão seu ente querido.

Não deve haver tratamento privilegiado.

O dono de uma comunidade de funcionamento errado calcula os lucros de manter um playboy ali.

Os pais batem na calculadora o que é mais caro: o filho internado ou na rua? É triste a conclusão: na rua. Há tempos têm medo dele. Ele é forte e agressivo, evasivo, perigoso.

Mas, no fundo, amam ele, a criança crescida. O silêncio é tenebroso no almoço de Natal por causa de sua ausência.

Assim é a realidade do rico rapaz de vinte e dois anos que tem tudo, mas não tem nada. Nem o direito à liberdade.

Eu insisto com isso nos ouvidos deles, sempre que é oportuno. "Pare de se privar da vida. Pare de sabotar a si mesmo, pare de se acomodar na desgraça. Que opção é essa, rapaz?"

Um deles entendeu, outro percebeu, e outros tomam atitudes renovadoras.

Cheguei de roupa alugada numa festa muito linda. Música ao vivo, gente bonita.

Era o casamento de um playboy que conheci internado.

Na hora do cumprimento e do abraço, olhou-me nos olhos e disse:

– Obrigado!

Aquele que sobressai entre menores

Às vezes, a pouca idade interfere na proposta de parar com as drogas.

Alguns meninos são internados como medida de proteção pelo promotor da infância e juventude, pelo juiz responsável e com intermédio do conselho tutelar.

Chegam às comunidades aos dezesseis anos de idade, quinze ou até quatorze.

Com eles, não há muita receptividade para um programa de recuperação.

Estão na festa. Ficam eufóricos ao contar façanhas sobre o uso de drogas, os furtos e o seu envolvimento com o tráfico.

Ainda não estão prontos para a mudança. São inconsequentes e ainda ignorantes em relação ao que a vida vai cobrar deles para a sua futura sobriedade e para a qualidade de seus dias.

Muitos acabam invejando parentes e amigos que não se perderam no mundo do uso, que se formaram na escola secundária ou terminaram o curso do Senai... Às vezes são comparados com eles de forma humilhante.

É uma realidade dura de olhar, mas muito óbvia.

Estão lá aos bandos, fumando pontas de cigarro, pedindo bolacha recheada para os garotos cuja família ainda tem condições psicológicas de comparecer às visitas e trazer guloseimas. Dividem com alegria um pacote de bala de hortelã.

(Havia um garoto que guardava para mim um bombom da caixa que ganhava dois dias antes.)

Eu percebia que eles não se interessavam muito pela reunião, pelo assunto, mas gostavam da minha pessoa.

Queriam que eu contasse piadas e tocasse violão imitando Roberto Carlos na música "Calhambeque".

Eu fazia isso como prêmio por eles permanecerem quietos na reunião.

Eram duas horas que se arrastavam lentamente por causa da vibração contrária que havia no ambiente.

Mas eu amo todos eles. Todos na idade de meus filhos. Alguns ainda com rostos de nenê. Outros ainda muito pequenos na estatura por causa da desnutrição.

Mas sempre tem um que é diferente, que surpreende a gente.

Recebi em 14 de novembro de 2011 um torpedo no

celular: "Obrigado por fazer parte da minha vida. Hoje completo dois anos sem álcool e sem drogas".

Veio de um garoto do interior. Estava com dezoito anos de idade e já há dois anos limpo. Seu filho iria nascer em breve. Também trabalhava como monitor em comunidade terapêutica.

Quando li a mensagem, me emocionei e agradeci a Deus. (Nessa comunidade de menores a recuperação é de três para cem, sobretudo devido ao fato de a maioria estar ali para proteção de si mesmo, por denúncia de vizinhos ou da própria família, por causa da ligação com o tráfico de drogas ou até por roubos e outros crimes – não por vontade própria.)

Quanto vale uma vida? Quantas vidas podem ser beneficiadas pela dedicação honesta desse menino? Sem contar sua família, que é a primeira a viver esses resultados...

Não tenho a pretensão de me achar responsável pela recuperação de alguém. Mas eu fiz parte disso. Fui envolvido nessa alegria. Esse é o meu combustível.

A cada dia.

Trauma

Atentar contra a própria vida foi o assunto comentado alguns dias numa reunião que coordeno.

No ano de 2011 houve muitos desses atentados. Pessoas de nossa convivência, conhecidos e alguns de que se ouve falar.

O egoísmo é extremo nessa morte – chamar a atenção de todos para o meu sofrimento, como quem diz que a minha dor é a maior, é de muito egocentrismo.

Até esta tristeza é uma forma de chamar a atenção – a autopiedade que atrai pensamentos negativos de autodestruição.

Esse é o povo adicto, esse é o seu *habitat* natural. Lotam as chácaras e fazendas de recuperação. Muitos, chorando de barriga cheia. A equipe técnica que trabalha com eles tenta inverter a perspectiva. Mostrar ao dependente que ele tem princípios e valores é o objetivo.

Resgatar a autoestima e a autoconfiança.

Por outro lado, muitas vezes também há traumas a superar, superação significando vencer o medo e o fracasso. Mas muitos preferem a morte, lenta ou rápida.

Ignoram tudo que é dito, feito, combinado no período de internação. Saem para a rua repetindo o mesmo refrão: "Fico mal porque usei, usei porque fiquei mal".

Hoje acredito que podemos construir certo domínio sobre nossos comportamentos, nossas vontades. Que temos instrumentos e pessoas que podem nos ajudar. Universidades estudam métodos de ajuda. Livros são editados por profissionais competentes, escritos por pessoas especializadas e de interesse sincero na resolução do problema.

Mas o adicto, escravo, ignora que pode partir as correntes a qualquer hora. Ignora a liberdade a sua frente. Como o cão que come o próprio vômito, ele volta a usar.

Com o tempo, fica deprimido, endividado, solitário, e comete suicídio.

Outro trauma, para todos os que eram próximos dele.

Para quem trabalhava com ele em sua recuperação, será também um trauma.

Mais um trauma a superar.

Há que se superar o desânimo e encará-lo.

O CONJUNTO DA OBRA

ASSIM COMO NÃO se faz filho sozinho, também não se (re) forma um ser humano sem ajuda de ninguém. No tratamento da adicção, o resultado comportamental é o conjunto de uma obra – coletiva.

Quando um paciente chega, passa por uma triagem com assistente social e psicólogo, com avaliação médica, técnica e dos monitores.

Numa determinada clínica, a médica chegava bem de manhã com uma mala cheia de medicação, separava por nome os comprimidos de cada interno...

Dava atenção às queixas do recém-chegado e ajudava quando via que elas eram reais, mas era carinhosa mesmo quando percebia que se tratava de manipulação. Tentava trazer o dependente instável e insone para alguma estabilidade de emoções e sentimentos.

No trabalho em equipe, o atendimento avalia o quadro psicológico do paciente, faz a anamnese, seu histórico de vida e de envolvimento afetivo, coisas que há tempo ele não sente, ou que evita.

A vida louca é fria e vazia. Poucas palavras, pouco contato. O recém-chegado se sente esquisito quando recebe um abraço e um afago nos cabelos.

Senta no canto da sala de reuniões com o olhar fixo no chão. Até melhorar, é assim.

Médica, psicólogo, estagiária de psicologia, assistente social, técnicos, demais adictos, diretores, monitores, família, tudo em volta do dependente. Na maioria das doenças não há tanto holofote. (Quando uma vez peguei pneumonia, era eu e o tubo de soro com medicação. Hoje me parece engraçado, mas já tive inveja dos internos que recebiam até mais atenção do que eu no meu dia a dia...)

Depois que o adicto fica limpo, tem que tocar a vida prática, criar os filhos, ir ao supermercado, consertar a torneira, arrumar tempo para praticar exercícios físicos e corrida, para não passar dos cem quilos...

Na comunidade, todo mundo cuida. Mas é preciso, também, cuidado para que não volte a ser uma criança incapaz. É possível que, para alguns indivíduos, este seja um dos motivos de recaída.

Numa dessas reuniões de equipe, surgiram as palavras *protecionismo, paternalismo*. Será que, às vezes, em vez de tratar, não somos apenas coniventes com o interno? Eles gostam da zona de conforto. Adoram uma linda moça bem vestida e cheirosa sorrindo para eles.

Não terão isso lá fora. Só o beco escuro, a solidão e o mau cheiro.

Percebemos esses fatores, o choque da mudança de ambiente, e conversamos sobre isso nas equipes que atendem o maluco mal acostumado – é preciso constantemente estarmos atentos e discutirmos nossa participação na recuperação.

Quando algum profissional se perde, exagera nos cuidados, dá atenção imerecida ao adicto, este se sente destaque em relação aos outros residentes. Em todas as frestas pode se infriltrar o perigo da volta ao uso:

– Eu não preciso praticar o programa, meu caso é diferente, sou mais lesado ou mais carente, ou mais prejudicado.

É assim que ele se distancia do ideal, do crescimento.

Somos uma equipe. É com carinho que devemos conversar também, sobretudo, entre nós. E quando o resultado é positivo, não é mérito só de uma pessoa.

É o conjunto da obra.

Quando estão todos pela mesma causa.

RECAÍDA

DENTRO DAS COMUNIDADES, este é o assunto mais comentado.

Fala-se muito em medo de voltar a usar drogas assim que sair dali.

O curioso é que falam do uso com mais entusiasmo que da recuperação recém-descoberta. Médicos neurologistas usam uma comparação para descrever o fenômeno: o cérebro cria um comitê de recepção para as drogas. Os sentidos se transformariam num tapete vermelho estendido para a droga de escolha caminhar.

Esta é a resposta mais imediata. Seria preciso um esforço do dependente em ser honesto, em falar somente de si mesmo, em ler sobre recuperação, sobre o programa dos doze passos dos anônimos para desmanchar essa recepção. (Mas muitos deles só querem dormir, ver televisão e chapar de remédios; alguns, no descuido da enfermeira, fingem que tomam a medicação, mas não a engolem, e acumulam para tomar doses maiores à noite, para se doparem de comprimidos.)

Não há segredo nem mágica para evitar a recaída. É como uma dieta. É preciso se abster de certas coisas para se manter limpo: lugares, pessoas, objetos, comportamentos.

Os dependentes, assim como eu fazia, recorrem a justificativas como que por natureza.

Voltar a usar drogas é de longe o que mais acontece na vida deste povo. Encarar a vida, as responsabilidades, os compromissos do cotidiano é punk. É difícil crescer.

Nosso corpo e nossa mente estão acostumados a fugir de tudo que exige esforço, tudo que sugere reeducação.

Há que se fazer diferente para se manter em recuperação. Viver entre os iguais – os que buscam a mesma liberdade. Dizer a verdade. Identificar sentimentos, não drogá-los. Olhar os olhos de cada manhã que se apresenta.

A recaída está em deixar de buscar o melhor, deixar de seguir o programa. Como qualquer doença crônica, a dependência precisa de cuidados diários. De manutenção. Não há segredo.

Viver melhor, plantar amor, afeição e perdão a si mesmo, dar e receber atenção...

Morar na rua

Quando chegou, não conseguia andar sozinho, precisava de apoio de outros porque o álcool havia consumido sua coordenação motora. Não tinha mais firmeza nos braços e pernas.

Estava enfraquecido, debilitado, com barbas compridas e roupas velhas. Havia sido um grande profissional em outros tempos. Mas, ultimamente, morava na rua. (Tinha o nome de um famoso presidente norte-americano do século passado.)

Foi encontrado por uma de suas filhas, auxiliada por diligências da assistência social.

Longe de qualquer dignidade humana, às vezes era levado a albergues e dormitórios públicos, para banho e alimentação.

"Por que não morri?", perguntou para mim na reunião.

Tive oportunidade de ouvir sua história numa tarde de segunda-feira, na beira de uma enorme piscina de água cristalina.

Quando mais novo, era extremamente rígido e exigente até consigo mesmo. Aos poucos e com as decepções naturais da vida, foi relaxando. Bebida e orgia se alojaram em sua rotina. Dificuldade de se relacionar com a esposa.

O bom salário, a autonomia financeira, essa segurança que deveria dar suporte acabaria sendo um dos estopins da separação.

Várias tentativas de se manter afetivamente feliz, bem empregado, foram em vão. O alcoolismo tinha tomado as rédeas. A bebida faz subestimar a capacidade profissional, a inteligência, a alegria de ser útil.

Tudo despencou. Aos poucos, perdeu as condições de honrar compromissos e horários. Relacionamentos afetivos, então...

Sozinho e triste, a bebida era sua melhor companheira. Becos e calçadas. Restos de comida, revirando o lixo como cachorro vira-lata.

Chegara a ser executivo de grandes empresas. Agora, já era. Atravessou a linha vermelha marcada no limite da condição humana. Tornou-se desumano. Virou animal.

Dias e noites sem falar com ninguém. Olhando o vazio e a chuva da marquise do supermercado já fechado às onze horas da noite. O fim.

Mas veio para a internação. Usando suas capacidades contábeis, hoje é quem cuida das contas e pagamentos de uma comunidade em Piracicaba.

Mais que um excelente funcionário, um homem muito educado e divertido. É meu amigo. Sem bebida há mais de três anos.

Veste-se de calça social e camisa de botões. Felicidade no semblante maduro.

Teve uma oportunidade.

Abraçou.

Interrupções

Não é fácil trabalhar nas comunidades terapêuticas.

Meu trabalho consiste em reunir o grupo por duas horas e falar sobre como se manter longe das drogas e ter qualidade de vida quando saírem da internação.

Está incluído em meus serviços, também, o acompanhamento da evolução terapêutica de cada um dos internos, de seu entendimento e adaptação ao programa.

Mas tem dia que é dose. A reunião é interrompida para atendimento médico, psicológico, farmacêutico, conversa com diretor, telefone de familiar, problema de disciplina, problema na cozinha, etc. etc.

Certo dia, numa reunião de duas horas, com intervalo de dez minutos para cigarro, contei 26 interrupções.

Quando estava formando um raciocínio, formulando uma história, vinha a interrupção. Haja paciência. Quanto maior o número de internos, mais difícil.

Em comunidades compulsórias, em média são 30 a 40 residentes, chegando em alguns casos a mais de 60. Quando acaba a reunião, parece que estive empurrando um caminhão carregado na subida. Dor na nuca e nos ombros. Energia contrária.

Hoje entendo o quanto sofre o professor quando pega uma classe sem disciplina como as que eu frequentei no ensino fundamental.

Desrespeito, descaso, desinteresse por parte de alguns residentes. Outros simplesmente dormem. Alguns soltam gases para criar tumulto. Fazem piadinhas e comentários estranhos para chamar a atenção.

Há os que questionam o fato de estar ali e ter que ficar quatro meses. Querem decidir naquele momento a sua vida toda, na qual, durante 36 anos, consumiu drogas, álcool, prostitutas...

Outros querem ensinar o que não sabem. Querem debater com os técnicos. A realidade bate neles e escorre pelo chão.

Há os inatingíveis. Cabeças fechadas. Isolando-se dentro de seu próprio mundo alucinado, incompreensível, negam o óbvio. Tentam esconder um elefante numa loja de cristais.

Mentem, manipulam e jogam uns contra os outros. Agem como liderança negativa.

Mas lideram o quê? São líderes de interrupções.

A maior delas, sua própria vida.

Mas basta de desabafo. Não podemos interromper nosso trabalho por conta das interrupções.

As melhores obras da criação

Parecia um bebê de propaganda de TV.

Alemãozinho de olhos azuis, gordo e fofo aos oito meses de idade. Quando começou a andar, me esperava no portão às cinco e meia da tarde, para correr pra eu pegá-lo no colo.

Muito carinhoso, muito alegre, enchia a casa, enchia minha vida, às vezes vazia. O melhor presente, um filho.

Cresceu rápido, e aos doze anos já estava com um metro e setenta.

Jogava futebol, muito saudável. Me orgulhava do futuro que vislumbrava a sua frente. Levei-o diversas vezes à rodoviária, de onde partia para fazer testes de futebol em times profissionais. Permaneceu em alguns, foi desligado de outros, mas havia esperança.

Foi se tornando um adolescente, assim meio rebelde, agressivo, mas ainda amoroso.

Em 2009, como eu estava construindo uma casa para nós, eu trabalhava dia e noite.

Era um sábado do mês de maio. Eu estava entregando pizza e resolvi passar em casa. Ele estaria sozinho lá, porque minha mulher também trabalhava numa lanchonete e, nos finais de semana, minha filha caçula ficava na casa da avó materna, porque frequentava a igreja daquele bairro desde pequena (gostava de estar lá).

Cheguei na pequena casa de dois cômodos. Estava trancada. Eu tinha a chave. Abri a porta e coloquei a caixa de isopor vazia em cima da mesa.

Senti cheiro de maconha. Pensei que estivesse delirando. Não queria acreditar no óbvio.

Fui ao banheiro e havia um pedaço de papel de seda boiando na água do vaso sanitário. A confirmação...

Por isso a preguiça e a agressividade. A falta de vontade de treinar e estudar.

Muita tristeza. Choque.

Onde foi que eu errei?

Estamos em 2011 e ainda é difícil lidar com ele. Permanece a preguiça. Parou de estudar, e treina muito pouco.

Às vezes somem alguns trocados em casa, até notas mais altas.

Difícil.

Minha maior alegria é vê-lo jogar futebol. Gostaria muito de vê-lo vestindo a camisa de qualquer time da segunda divisão para iniciar uma carreira profissional.

Imagino-o com seus 1,86m de altura, forte e saudável, praticando natação e academia. Ganhando dinheiro suficiente para viver bem e não precisar passar por algumas situações humilhantes que eu passei.

Na rodovia Anhanguera, me pego chorando sozinho dentro do capacete da moto, no trajeto de uma clínica a outra em que trabalho.

Domingo, o time do bairro em que ele joga aqui em Americana disputou a semifinal do campeonato municipal. O "alemão" estava lá. Triste, cabisbaixo no banco de reservas.

A semana inteira estávamos eufóricos para ir ao jogo. Vestiu o uniforme, se aqueceu com a galera, bateu bola antes do apito do juiz, mas não entrou para jogar.

Meu coração acelerado no alambrado. Doeu mais em mim. É difícil ser pai. Se encher de entusiasmo e esperança, para depois ver a decepção, a frustração do seu filho...

Mas ele é o meu filho querido. (Já tive medo dele. Às vezes, conversa de forma estranha, fala em vingança... Fica muito longe do menino que criei com alegria e paz, para a alegria e a paz. Mas não é o meu filho?)

Estou perto, cheirando o odor do seu pé, dando a descarga do banheiro quando ele esquece.

Olhando firme nos seus olhos azuis, eu digo: "Te amo, Lemão".

Sei que talvez não possa impedir de ele usar drogas e se perder pela vida, se entregar. Mas mantenho a minha esperança. Sei que o meu amor será preponderante na hora que ele quiser ajuda.

Vivo um dia de cada vez.

Curtindo os bons momentos com meu filho querido. As melhores obras da criação.

Muito perto

Quando me dei conta estava lá: toda a família numa pequena casa de dois cômodos em Americana.

Uma cama beliche e outra de casal no único quarto da casa. Filhos a dois metros de mim. Outros seres. Fisicamente parecidos; na alma, nas emoções, outros costumes, outros valores. Mas traços de personalidade se repetem, até por conta da convivência.

Meu filho e eu, minha filha e eu, todo dia juntos, muito perto. Como é bom o cheiro de nenê.

Amontoados na cama de casal, sempre brincamos, pulamos, quebramos o estrado da cama. Quanta lembrança Quanta saudade.

Meu nenê mais velho cresceu, a mais nova também, tudo enfim se transformou.

Ainda estou perto, muito perto. Perdi o controle sobre

suas atitudes, gestos e palavras. Mas não tenho mais o desejo de controlar a vida de ninguém, graças a Deus.

Aprecio suas conquistas, me entristeço com seus fracassos. Na maioria das vezes só observo, sem intervir. Espero a melhor hora.

Mas amo. Amo intensamente meus filhos. Não é um amor melodramático, cheio de demonstrações carregadas, mas é o amor de um pai que tenta aprender para ensinar.

Sei o quanto sou falho e frágil. Emocionalmente doente. Mas estou aqui, muito perto. Sei por onde anda minha pequena família.

Meu filho está fora da rota desejada por mim, mas defendida fortemente por ele. Também já fiz isso. Paguei o preço.

Pai é para estar por perto, mas eles estão quase na maioridade. A sensação é de que esse tempo está se exaurindo...

No meu trabalho, sinto a presença de seres de luz, cotidianamente. Percebo que me protegem e que me guiam até nas palavras. Será que são anjos? Como uma espiritualidade suspensa no ar ao meu redor, sempre. Muito perto. À espera da minha conexão.

Assim sou com meus filhos, hoje, depois de tanto aprender com a dor da revolta e dos ressentimentos.

Pretendo melhorar. Esquecer as feridas. Tirar de qualquer sofrimento um aprendizado.

E me manter perto. Muito perto.

Dependentes da rua

Trabalho com moradores de rua, com pessoas que viveram (alguns até ontem) na rua. Trabalho árduo, de pouco resultado

Hoje, a droga de escolha dessa população é o crack, e ainda o corote de cachaça. Metidos numa rotina de não ter nenhum horário, nenhum compromisso.

Os dentes apodrecem, a pele está ressequida do sol de cada dia.

Cultura, conhecimento, convivência, tudo ficou para trás.

Quando caem na realidade, simplesmente querem se embriagar o mais rápido possível, o mais possível.

Família, filhos, bens materiais, conforto, qualidade de vida, tudo trocado por uma maluquez sem fim.

Amontoados nas praças, albergues, rodoviárias e núcleos de apoio aos indivíduos em situação de rua, são pais de aguém, profissionais que já obtiveram sucesso, alguns que já foram brilhantes, grandes seres humanos, artistas, enfim...

Alguns são movidos pela aventura de conhecer muitas cidades pelo Brasil afora. Agora se perdem entre os lixos espalhados pelas ruas de pequenas e grandes cidades.

Questionam a recuperação:

– Por que parar? Para que parar? Será que eu nunca terei autocontrole?

O curioso é que muitos são arrogantes e reclamam de tudo.

Não querem participar da reunião sobre os doze passos. Não respeitam os técnicos que os ajudam. Engordam, dormem, tomam remédios, depois vão embora pra rua novamente.

Assumem uma postura radical diante da vida. Adoram o caos, as imundícies do mundo.

Debilidade física, dor de dente, dificuldade para enxergar fazem-nos procurar um centro de atendimento.

Mas, assim que melhoram, mostram aquilo que seria sua verdadeira natureza – ingratidão com a própria vida.

Agradecer verbalmente, palavras elaboradas, discursos decorados, isso sabem fazer. Mas o maior gesto de gratidão seria continuar limpo e reformar-se – para si e para os que foram e lhe são próximos.

Mas a dura, triste verdade é que em geral não acontece isso. Voltam a beber, a usar drogas, e falam mal do lugar que os acolheu. Muito tempo se passa, eles vão e voltam para serem atendidos. Cada vez com a saúde mais comprometida, mais debilitados, enfraquecidos pelo excesso das ruas.

Um número pequeno de dependentes consegue se recuperar da situação de rua. O maior amor, porém, é aquele que se transmite para quem é difícil e inconsequente. O conforto espiritual é saber que se fez o melhor.

Talvez o dom de Deus esteja em seguir com a missão sempre, até o fim, até a última esperança – até que a vida acabe.

"A única luta que se perde é aquela que se abandona."

A brisa

O termo usado pelos dependentes em relação ao efeito das drogas é este: *brisa*.

– Fiquei brisando de maconha na internet a tarde toda – disse o garoto de dezesseis anos sorrindo, numa casa de apoio de Cosmópolis.

Percebi que aquilo talvez fosse seu melhor momento. Como quando um obsessivo por comida devora, com os olhos vidrados, a lasanha de domingo.

A brisa: sensação de bem-estar, sorriso aberto no rosto, vontade de agradecer à vida por este momento.

Quando falam muito, estão eufóricos e sentimentais, riem à toa, estão "brisados".

Mas cada substância provoca uma sensação diferente: paranoia, medo, ansiedade, coração acelerado; ou excesso de tranquilidade, dificuldade de compreender o que acontece à sua volta. Diferentes brisas. Tudo isso é brisa.

Antes, bem lá atrás, eu sempre pensara em brisa como o vento leve que alivia o cansaço e o calor, ou a brisa fria do inverno que nos faz querer estar perto de quem nos ama e acolhe e aquece. A brisa da dependência é a loucura.

Estou eu sem "brisar" há vinte e cinco anos. Sinto pena de pessoas que precisam da brisa. Que estão incapazes de produzir alegria por si, ou por outras formas que não as drogas. Que não têm dentro de si motivação para viver. Que precisam da energia, da euforia momentânea das cápsulas, das pedras, da canabis, da cachaça.

Aprendi que dentro de mim existe uma força suficiente para superar a tristeza e as decepções do cotidiano. Consigo sorrir com a desgraça que me ensina a ser mais humilde. Aprendi que meu inferno estava dentro de mim.

Só tem um jeito de matar o monstro que está me consumindo por dentro com ressentimentos, angústias e lembranças insistentes de fracassos que eu deveria esquecer, o monstro que me leva a pensar em entorpecer a mente – o método para que ele morra é deixar de alimentá-lo com esses sentimentos e pensamentos destrutivos. Matar o monstro de fome.

Hoje, estou "brisando" pelo amor que sinto em trabalhar, "brisando" na perspectiva de proporcionar bem-estar e qualidade de vida a dependentes químicos e codependentes.

Sou pretensioso. Sou voluntarioso. Levanto da cama para contribuir para que o mundo seja melhor.

Pelo menos no espaço em que vivo, tenho feito progressos.

Que alegria! Que emoção! Sem drogas, sem álcool, a brisa da paz é mais forte, sempre.

Ambiente pesado – pessoas leves

É difícil encontrar palavras para descrever essas criaturas: pessoas leves, com sorriso fácil no rosto da primeira até a última hora de cada jornada; existe nas comunidades e clínicas um clima adverso, pouco interesse e até desrespeito com os profissionais. Mas as pessoas leves não guardam rancor, ressentimentos, não se irritam com os doentes.

Sabem no fundo da alma que estão lá por que foram designados para isso. A sociedade em geral abre mão do dependente. Geralmente encaminham para o outro, para o desconhecido, para o terceiro. Faz por escrito uma declaração com carimbo e assinatura.

Às vezes até exige certas coisas das comunidades que recebem o dependente. Consultam, fiscalizam, certificam e julgam – porém, não com os parâmetros adequados. O tratamento do usuário de drogas é diferente do que pensam.

Os profissionais de espírito leve relevam muitas contrariedades e continuam a ajudar o dependente. Fazem vista grossa às críticas mal-humoradas dos que assistem de fora aos acontecimentos.

Pessoas que se vestem muito bem, falam muito bem, foram eleitos ou promovidos para este ou aquele cargo. Ligam perguntando, questionam o atendimento, se zangam com facilidade. É o direito delas, é até dever delas se certificar de que haverá atenção, boa vontade, qualidade, mas também seria dever se envolver sinceramente, pessoalmente – não apenas delegar.

Já aquelas pessoas de alma leve e coração tranquilo sabem que se perderem a linha prejudicam o paciente, queimam uma possível recuperação.

Então, levemente ignoram, esquecem e sorriem diante de retrocessos, contrariedades que farão parte de qualquer caminhada de recuperação. Assim muita coisa se resolve.

Vivemos a esperança de que as pessoas que se metem a julgar e criticar, um dia, tentem entender melhor a questão. Troquem de sapatos conosco.

Enquanto isto, procuramos seguir leves no tratamento diário do problema da dependência.

Procuramos seguir sempre.

Sérgião

Figuraça. Conheci em 1988 em Campinas, SP. Ele tinha um jeitão de malandragem de quarentão, experiência de vida.

Percebi que estudava o programa dos anônimos e fazia ilustrações para convencer as pessoas do que estava dizendo. Argumento forte.

Olhos arregalados, braços abertos, mãos espalmadas para vivenciar o personagem que ele sempre usava para impressionar. Ficou conhecido por toda a região.

Chegamos a trabalhar juntos, por menos tempo do que eu gostaria. Que aprendizado, que lição de vida.

Dava pra imaginar que ele, na solidão do seu quarto ou banheiro, ensaiava aqueles gestos, caras e bocas, para impressionar quem o ouvia nas comunidades, nas clínicas ou nas palestras onde era convidado como terapeuta.

Devorador de livros, romances, filosofia, comportamento humano. Tinha sempre argumentos contundentes para convencer quem tinha o prazer de ouvir suas histórias. Bom humor requintado. Piadas inteligentes.

Hoje já passa dos sessenta anos. Mas ainda está firme e forte na ativa das reuniões de grupo. Frequenta cafeterias e livrarias. Meu amigo.

Sua vivência se confunde com a recuperação de muitos adictos condenados à morte. Tudo se mistura quando falamos de recuperação na região de Campinas.

Sérgião é assunto sempre. Envolvido até os ossos na questão. Amoroso. Aprendendo para ensinar, comprometido, interessado.

Ele é o responsável por meu ingresso nesta área profissional. Através dele me tornei um consultor e técnico em dependência química.

Obrigado, Senhor, pelo guia e padrinho espiritual – Sérgião.

Não somos bandidos nem anjos

Há que se buscar um meio-termo neste mundo maluco.

Sentimo-nos entre a cruz e o punhal, como uma linda história que li na adolescência.

Em alguns momentos queremos ser marginais, inconsequentes, loucos, insanos. Em outros momentos queremos ser monges, padres, reverendos, cópias perfeitas de Francisco de Assis ou Chico Xavier.

A verdade é que nossa personalidade é mutável – metamorfose ambulante, como dizia Raul Seixas.

Somos um outdoor a ser preenchido – cada dia estamos vendendo uma ideia, defendendo uma possibilidade qualquer.

Às vezes, chegamos aos quarenta anos sem nunca ter tomado decisões: estudamos porque o pai pagou, nos casamos porque a namorada engravidou, trabalhamos porque queríanmos dinheiro e sonhamos acordados. Sempre querendo o que não chegou e triste pelo que passou.

Doença emocional geral. Mas não adianta tentar se enganar – neste mundo conturbado e materialista, todos somos doentes emocionais. Todos temos pelo menos uma pequena mania, uma pequena neurose.

Os loucos, às vezes, são felizes. Acho que este ambiente me contaminou tanto que eu volto a enlouquecer gravemente de vez em quando. (Às vezes não sei mais quando estou lúcido, quando o que avalio tem sensatez...)

Passarinho que anda com morcego dorme de ponta cabeça.

Aí, peço ajuda para quem eu considero "normal" ao meu redor.

Fico sozinho com medo de alguém notar que sou estranho.

É uma passagem perigosa. Ainda bem que há muitos como eu por aí, neste mundo de meu Deus.

Abro uma gargalhada sozinho, do nada, em qualquer lugar.

Senhor, dai longa vida aos malucos, para que eles possam ser úteis e felizes.

Sobre haver soluções

Estamos na parte final do livro. Peço a Deus que me conceda a alegria e o dom de escrever outros. Só tenho quarenta e sete anos.

Nestas páginas, falei um pouco sobre o problema da dependência química. Vou tentar agora falar mais sobre possíveis soluções, condições de libertação, renascimento, transformação.

Meu trabalho consiste basicamente em sentar e conversar com pequenos e grandes grupos de dependentes – homens, mulheres, adolescentes, senhores, senhoras, dependentes de álcool ou qualquer outra droga.

Quando se fala em crack todos se assustam. Para o dependente, dizer que está usando crack cria uma certa repulsa da sociedade, medo, nojo, piedade, fatores que com certeza o estimulam a continuar usando mais.

Quanto pior, melhor – esse é o lema de sua entrega.

Enchem a boca, erguem a voz para falar que usam crack. Contam façanhas em programas de TV. Dentro das comunidades tentam impressionar com suas histórias macabras, sinistras.

– Eu tava "envorvido" com os irmãos, tio – dizem com os olhos arregalados pra mim, que já estou coroa.

Meu papel é ajudá-los a perceber que criaram um personagem suicida dentro de si mesmos para dar sentido à vida.

Sempre se sentiram insignificantes. Com as drogas, inventaram a pólvora. Agora são notados, percebidos, "descolados". Odiados por muitos, "amados" por poucos, temidos pela maioria, mas nunca ignorados.

Filosofia de vida ignorante, autodestrutiva, e sem fundamento – idiota.

Alteram a voz para falar de suas aventuras na ativa. Noventa por cento é mentira. Mas a verdade triste é que machucaram a família.

Quem estava mais próximo sofreu mais. Pais e mães envelhecidos. Noites insones. Dívidas e preocupações. Medo do pior.

O que fazer?

Procurar ajuda. Informações. Grupos de apoio, grupos espirituais, amigos de verdade. Não é o fim do mundo. Existe gente séria e comprometida com a questão. Pessoas que abraçaram a causa e que amam o ser humano, mesmo na dor e no erro. Assim como Jesus amou Judas no dia da traição.

Há lições valiosas pra aprender. Vamos construir uma

vida nova, mesmo que seja somente dentro de nossas moradas. Devemos essa ousadia, essa condição a nós mesmos. Podemos ser felizes. Tento passar tudo isso.

Também sou pai e conheço essa dor, trabalho na área todos os dias e, às vezes, chego em casa e tenho hora extra com meu filho.

Mas Deus, em quem acredito, não me dá uma cruz maior do que eu possa carregar.

Pensando em um dia de cada vez, vivendo um dia de cada vez, há crescimento.

Há soluções, acredito. Vivi soluções.

Continuo a vivê-las.

Ordem de prioridades

Quem deve atender primeiro o dependente é o médico, a enfermagem. Avaliação psiquiátrica do quadro do paciente, olhar clínico, qual a gravidade do problema.

Nas clínicas, normalmente há um doutor responsável pela triagem. Intoxicação, distúrbio, psicose, comorbidade, este paciente é perigoso, este corre risco de morte, qual a medicação neste caso, etc.

Questões que só um médico experiente na área pode responder. Conheço alguns ótimos. Amorosos, dedicados, comprometidos com a solução, o tratamento.

Na sequência vem a psicologia. Anamnese, perguntas e respostas sobre a história de vida do residente. Entrevista, olho no olho, recepção, calor humano. Este procedimento aproxima, quebra o isolamento.

Depois, os pacientes já participam das atividades do dia a dia. Nesta parte entra a reunião do consultor ex-dependente.

Este sou eu. Abraço a criatura frágil, temerosa, sofrida, perdida, confusa, na reunião sobre recuperação sob a luz do programa dos anônimos – os doze passos. Uma estratégia eficaz para se obter qualidade de vida. Um manual de procedimentos.

Quando tenho problemas com residentes, peço ajuda à farmacêutica, ou à psicóloga, ou ao médico, profissionais que normalmente estão por ali em dias e horários determinados. Assim que funciona.

Há profissionais extremamente competentes. Há aprendizes e estagiários. Pessoas maravilhosas que tornam as dificuldades mais suaves. Que tiram o excesso de peso. Que aliviam o estresse e o cansaço do cotidiano. Ainda bem.

Algum tempo atrás o dependente era tratado como mau-caráter, como marginal, delinquente. Não era aceito como doente.

Algumas comunidades não tinham médicos, nem remédios, nem profissionais pra nada. Uma grande fazenda para trabalho, capinar, cuidar de animais e à noite ler a Bíblia.

Funcionou para algumas pessoas. Mas, além do número de recuperações ser exíguo, essa abordagem foi ficando ultrapassada também com a chegada do crack no Brasil.

Hoje, sem medicação é praticamente impossível manter o residente na comunidade. Os usuários não gostam de horário, compromisso, não gostam que lhes chamem a atenção para qualquer coisa.

Ficam agressivos e insones sem a droga de escolha. Ou

então muito deprimidos. É um quadro complicado. Manipulam para não participar de nada.

Simulam dores, principalmente de dente, para sair e ver a cara da rua. Muitos ficam três meses dentro da comunidade com o pensamento fora. Não aprendem nem aproveitam nada. Quando saem, em dois dias estão usando. Um mês depois estão internados de novo, ou presos, ou até morrem de alguma maneira qualquer.

Há alguns anos já se trabalha com internação involuntária e compulsória. Medicação pesada para conter os casos mais graves. Em alguns lugares, cometem-se excessos, chega-se a abusos e maus-tratos. Há uma grande luta para combatê-los, mas as dificuldades também são grandes.

Quem pode julgar?

A mãe de um rapaz de vinte e oito anos conversou demoradamente comigo, num domingo de visita, sobre o filho:

– Ele é agressivo e ladrão. Já chegou a me bater pra me tirar o cartão do banco. Outro dia roubou o salário todo da irmã caçula, que trabalha num escritório o dia todo. Celular, aparelho de som, DVD nem adianta comprar mais. Meu marido teve infarto há dois anos e faleceu. Ainda bem que eu consegui um laudo do psiquiatra, e uma das vezes em que ele foi preso conversei com o promotor. Graças a Deus eu posso interná-lo na marra, a pulso. Ele sabe disso, que tenho o telefone do resgate da clínica. Quando ele está aqui, há paz na minha casa, e eu consigo dormir sem remédio.

E, com os olhos lacrimejando, concluiu:

– Tá na mão de Deus. Não sei mais o que fazer.

Quem pode julgar?

Famílias

Não há anjos entre os dependentes e familiares. Seres humanos cometem erros, às vezes irreversíveis como cicatriz de cirurgia.

A forma como se trata a criança – o carinho, a presença, ou os maus-tratos e o abandono; o diálogo aberto e franco, ou a secura; a imposição de limites, a busca de coerência, ou a liberalidade que no fundo é desinteresse, falta de responsabilidade; o olhar nos olhos, ou a falta de tempo, de afetividade – tudo isso soma ou tira pontos na hora da recuperação.

O patrimônio espiritual e emocional construído neste período de vida conta ao se fazer o veredito. (Há tempo, porém, para mudar muita coisa. Nem tudo é irreversível.)

Conheci muitas famílias complicadas. Mães que têm três filhos com três pais diferentes e que se envolvem sexualmente com os amigos de vinte anos de idade do próprio filho. .

Padrastos que espancam adolescentes. Avós que abusam financeiramente de netos que se envolvem com o tráfico. Tios e tias que caem de para-quedas na situação e querem sair de heróis no final do filme...

Famílias que querem se livrar do filho problema pagando o próprio salário dele para o diretor da comunidade aceitar sua permanência trabalhando na clínica...

Pais ausentes e arrependidos que aparecem no dia da visita para exigir atenção especial do filho (nossa eterna tendência de querer transferir a responsabilidade para terceiros). E ai daquele profissional que não corresponder às expectativas...

Alguns ficam bem, financeiramente, trabalhando nessa situação, em meio à desgraça alheia. Outros gastam o que ganham no traslado de cigarros e guloseimas que compram do próprio bolso, para os internos; às vezes se envolvem emocionalmente demais com o problema...

Há muita possibilidade de exploração nessa área. Cargas horárias abusivas, ex-internos trabalhando de graça, sem registro em carteira profissional...

Recuperar o dependente se torna mais difícil com essa maré contrária. Até quem deveria se envolver mais foge pra longe disso, quando tudo se mostra assim, como um circo mau. Alguns de nós se sentem sozinhos apagando incêndios.

Famílias ligam para seu telefone particular, num momento de descuido, num sábado à noite, para exigir que você procure pelo filho nas biqueiras de drogas, nos pontos de tráfico das cidades...

Choram ao telefone. Desabafam...

Quem dera este livro pudesse ajudar famílias a reconhecer seus excessos e falhas!

Há ajuda disponível na internet, nos grupos de famílias, nos livros sobre a questão, em profissionais comprometidos e capacitados.

Tento ser um desses profissionais. E também tenho filhos.

Como é bom poder ser útil. Acredito que é uma missão.

Espero poder encontrar pessoas ao longo da minha vida para trocar experiências.

A vida fica mais fácil assim.

Só por hoje, a cada dia.

Algumas conclusões

Hoje, já aos quarenta e sete anos de vida, me dou o direito de tirar conclusões de alguns assuntos. Pra mim, ficou mais que claro que é preciso mudar a cada dia. Adaptar-se aos acontecimentos.

Não somente os usuários de drogas hoje são diferentes e surpreendentes. Também há a sexualidade diferente, os comportamentos sociais, a apologia ao crime, a disfunção social, a arbitrariedade dos policiais e autoridades.

Hoje existe uma forte corrente a favor da legalização da maconha. Em minha vivência, percebi que a maconha causa atraso na vida, nos estudos, na carreira profissional, e a sensação desse atraso irá gerar o ressentimento, a mágoa consigo mesmo, que é um dos motivadores do uso de outras substâncias, estimulantes e mais nocivas, como cocaína.

O álcool é legalizado, mas é muito perigoso para a sociedade em geral. Para o dependente químico é a carta de alforria, a liberdade, o habeas corpus para o abuso. Ele enche a cara, se torna improdutivo, hostil, revoltado, mas enche a boca pra falar: "Eu só bebo, não uso mais nada".

Sobre o tratamento: é preciso analisar caso a caso, o tratamento deve ser personalizado. Mas não há, que eu saiba, tratamento especializado suficiente e acessível. Poucos profissionais capacitados e valorizados. E há, sim, muita gente precisando de ajuda.

Mas é um grande mercado. Juntar malucos numa chácara, pegar medicação nos CAPS e SUS[3] de cada cidade mediante receita de psiquiatra contratado, e bem pago para ser conivente com o erro, e trancar e dopar o dependente em internação compulsória. Dezenas de malucos em quatro mil metros quadrados e se alimentando de embutidos e frituras (e poucas frutas da própria chácara)... Um grande negócio. Desumano, mas lucrativo. É preciso estar alerta.

Meu sonho é que haja mais investimentos no setor e mais seriedade, mais fiscalização dos órgãos competentes, mais amor enfim.

Cada um de nós é um universo e precisa ser tratado de forma apropriada. Há estatísticas, números, tantos atendimentos, mas pouco se sabe de resultados concretos. Nada se sabe das personalidades doentes e solitárias.

Suicidas? Homicidas? Os dependentes químicos enchem os postos de saúde, os prontos socorros, os atendimentos so-

---

3 CAPS – Centro de Atenção Psicossocial, em geral municipais, sob o Ministério da Saúde; SUS – Sistema Único de Saúde.

ciais para manipular e conseguir alguma coisa de graça ou se livrar da punição de algum crime que cometeram, ou ainda para receber benefício do INSS.

E aí? O que fazer?

Vamos nos preparar, estudar, conversar, aprender, também com os pesquisadores sérios das universidades.

Quem resgata uma vida não tem dimensão do valor que devolve à humanidade.

A repercussão e a propagação dessa força motivadora está transformando o mundo.

Ainda que seja somente o mundo dos envolvidos.

Cheguei a esta conclusão. E ela me estimula.

Depois de um tempo

Depois de um tempo, tudo tende a perder o encanto, o sabor, a se tornar cansativo e chato. Vemos e fazemos as mesmas coisas todos os dias, e com o tempo esses gestos se tornam mecânicos e desgastados, improdutivos. Riscos do tempo.

Admiro pesquisadores, atletas, artistas que procuram sempre inovar, romper limites, buscar novas respostas, novas conquistas.

É assim que o tratamento do dependente químico deveria funcionar. Aparecem sempre pessoas com a saúde e a sanidade mais comprometidas por causa da adicção. Gente muito jovem. Gente já na terceira idade. Casos gravíssimos.

Não acredito em tratamento padrão, nem acredito em unanimidade.

É preciso ter amor e tempo para olhar nos olhos de cada ser humano que chega aos centros de tratamento.

A falta de atenção, o descaso, a mentira, a burocracia, a enrolação mata muito mais que qualquer droga.

A intenção deste livro é trazer mais pessoas para dentro da questão.

Não precisamos de pessoas que acham que sabem tudo, que têm resposta para tudo, que se julgam exemplos de sucesso.

Precisamos de pessoas que assumem suas fraquezas e limitações. Que trocam de sapatos com quem vive o drama da dependência.

Quem sabe teremos mais resultado percebendo que nossos métodos são falhos, que sempre precisam de revisão. Depois de um tempo, tudo precisa ser analisado novamente, profundamente. (Essa assertiva já ocorre em comunidades sérias e disciplinadas em suas atividades.)

Aí, quem sabe, com a minha, com a sua adaptação, nós conseguiremos juntos obter mais sucesso, e realmente levar a nossos doentes mais e melhores propostas de recuperação.

Deus nos guarde e nos abençoe.

Sempre.

Agradecimentos

A TODOS QUE acreditaram em mim e me ofereceram a oportunidade de trabalhar com recuperação, mesmo eu não sendo formado em nível superior.

Aos amigos e colegas de trabalho no dia a dia. Médicos, psiquiatras, psicólogos, estagiários, assistentes sociais, monitores, consultores técnicos, diretores de instituição, enfim, todos os envolvidos na causa.

Em especial, à Comunidade Psicossomática Nova Consciência, de Capivari, que me estimulou a escrever este pequeno livro, e que acreditou que com ele pudéssemos trazer alívio e esperança para outros filhos de Deus. Eternamente grato.

Não seria possível realizar nada sem a ajuda de todos que foram presentes na minha história.

Estamos nos recuperando.

Adilson Meteier

Conheça também:

Copos de cristal

Gabriel Rodrigues Cervantes
Romance • 14x21cm • 160 p.

Copos de cristal retrata um drama vivido por muitas famílias na atualidade – a dependência química, especificamente o alcoolismo.

Narra a trajetória de Francisco, que, tendo contato com a bebida aos 4 anos desenvolve a doença da dependência, trazendo para sua vida e a de seus familiares um prolongado sofrimento. Com ajuda (da espiritualidade, do grupo de alcoólicos anônimos), ele poderia se reabilitar... Porém, será que terá forças para romper com seu orgulho e pedir ajuda?

Drogas: causas, consequências e recuperação | *Valci Silva*

Autoajuda • 14x21cm • 232 p.

Em uma linguagem, bastante agradável, o autor dirige-se ao leitor (espírita e não-espírita) esclarecendo-o sobre as drogas, e seus efeitos no organismo, e sobre os princípios científico-filosóficos do espiritismo, que nos sustentam, criaturas endividadas que somos, nesta maravilhosa Escola Reencarnatória chamada *planeta Terra*.